Motiva... Renouvelable

Booster sa motivation et atteindre ses objectifs

Chapitre 3 : Créer le pourquoi par vos objectifs

Chapitre 4 : Créer un système de motivation interne

4- Mettre en place des récompenses

5- Si vous n'avancez pas vous le vivrez mal

6- Définir votre propre routine

7- Se reposer sur vos bases, même quand cela va mal

Chapitre 5 : L'importance de l'énergie

1- Pour être motivé il faut être en forme

2- Importance du sommeil

3- Se lever tôt

4- Faire du sport

5- Alimentation et hygiène de vie

6- Faire ce que vous aimez

7- Devenez plus personnel

Chapitre 6: Le levier des habitudes, la clé pour garder votre motivation

Introduction

La motivation vous permet de faire ce que vous voulez faire. C'est ce qui vous pousse à être meilleur, car elle vous permet d'avoir le courage d'atteindre et de rechercher des expériences nouvelles. Elle vous permettra d'aller chercher la réussite et d'atteindre vos objectifs personnels et professionnels.

La motivation personnelle est la meilleure motivation qu'il soit, car vous n'avez besoin de personne d'autre pour vous motiver. Ainsi, vous trouverez à l'intérieur de vous-même une puissante énergie pour aller où vous voulez. Cette énergie vous permettra de continuer au quotidien pour la réalisation de vos objectifs.

Le problème de la motivation est que ça va et ça vient, cela peut donc être considéré comme un puits sans fond. Si vous attendez d'être motivé pour passer à l'action pour réaliser vos objectifs, vous pourrez des fois attendre un moment. Il faut arrêter de faire les choses uniquement quand on utilise la motivation comme un sentiment. En effet vous risquez de ne pas avancer.

Pour cela, il est important de comprendre que la motivation se travaille, il est important de trouver votre propre système interne qui va va vous permettre d'être toujours motivé, et de continuer, mais dans les moments compliqués. A partir du moment où vous avez mis en place un systeme de motivation interne, il faudra an effet ajouter des leviers pour entretenir la motivation même dans les moments compliqués. Parmi ces leviers, l'autodiscipline ou encore les habitudes. L'autodiscipline vous permet en effet de vous dire que quoi qu'il arrive vous pourrez le faire. Vous ne vous sentez pas de le faire mais vous allez quand même vous motiver à le faire par la discipline personnelle.

Dans ce livre, je vais vous montrer comment avoir une motivation renouvelable. C'est à dire cette motivation que vous pourrez utiliser quotidiennement pour être certain d'atteindre vos objectifs et de vivre pleinement chaque journée. Après une introduction sur la motivation, nous verrons comment créer le pourquoi par vos passions, et créer le pourquoi par vos objectifs. Nous verrons à partir de là comment créer votre système de motivation interne à utiliser. Ce système que chacun doit trouver pour pouvoir être plus efficace. Ensuite, nous allons voir l'importance de l'énergie dans votre motivation, car sans énergie, difficile d'avoir la force d'être motivé.

Nous verrons ensuite les deux leviers pour conserver la motivation et ne jamais lâcher, à savoir les petites habitudes ainsi que l'autodiscipline. Enfin, dans une dernière partie, nous verrons comment libérer votre potentiel dans votre organisation et votre façon de procéder pour améliorer votre efficacité.

Chapitre 1

La motivation

1- Qu'est ce que la motivation

La motivation vient du mot "motif". La signification originale du mot motif concerne le mouvement. Le mouvement est au centre de la motivation. Que nous quittions la maison pour faire une tâche simple ou que nous apportions un changement majeur dans la vie , nous effectuons ces mouvements avec raison. Nous le faisons parce que ces actions nous permettent de réaliser quelque chose d'important pour nous. Cette idée de mouvement dans les mots "motif" et "motivation" est tout au sujet de prendre des mesures.

La motivation est aussi au sujet de notre désir interne d'accomplir quelque chose qui est important pour nous. Cette motivation, vécu comme un désir, nous fait agir. La motivation concerne un besoin non satisfait que nous voulons satisfaire; il s'agit d'un objectif que nous voulons atteindre.

La chose intéressante à propos de la motivation est qu'elle est en grande partie interne.

Si quelqu'un veut que nous soyons motivé pour agir, le plus qu'il puisse faire est d'essayer de le faire par divers moyens. Mais ils doivent saisir nos besoins, nos émotions et nos objectifs, ce qui n'est pas évident.

Appliquons ce concept à vous. Il est logique que personne ne puisse vous forcer à vouloir faire quelque chose. Ils ne peuvent pas vous dire quels sont vos besoins, ni insister pour que ce qu'ils valent soit ce qu'ils devraient valoir. Enfin, ils ne peuvent pas vous donner un fort désir de réaliser certains objectifs. La motivation doit venir de vous.

Il y a deux motivateurs de base:

- Le désir d'obtenir ou d'obtenir quelque chose

- La peur de perdre quelque chose

C'est simple. Tout le monde a ces deux choses qui travaillent au fond de lui, poussant à faire quelque chose. Ces facteurs de motivation vous amène à agir de différentes manières pour obtenir ou éviter de perdre quelque chose.

2- Pourquoi vous devez être motivé

Pour être motiver, il est important d'avoir une vision à long terme de projets, de prendre ses responsabilités, de connaître la valeur que l'on apporte avec son projet ou son travail. En apportant de la motivation aux autres, vous avez aussi des retours positifs. Ainsi un cercle vertueux de positivité s'installe. Ambition, détermination et motivation sont liées. Il faut être ambitieux et voir grand. Plus l'ambition sera grande et plus vous devrez être motivé. Il faut se fixer chaque jour des objectifs mineures en adéquation avec son objectif majeur. En atteignant au quotidien les objectifs, vous réaliserez de grandes choses qui vous donneront envie de poursuivre.

Il faut également comprendre qu'il ne faut pas se culpabiliser dans les moments on l'on ressent moins de motivation, car c'est normal. Nous ne sommes pas des robots et le cerveau humain est extrêmement complexe. Il y a constamment des facteurs qui feront qu'il est plus dur d'avoir de la motivation. C'est dans ses moments là que l'on se reposera sur sa discipline personnelle et ses habitudes pour entretenir la motivation.

Concrètement la motivation va vous permettre d'atteindre vos objectifs à différentes échelles. En étant motivé, chaque jour sera un succès personnel car vous aurez fait le nécessaire pour réussir les actions que vous deviez mettre en place. Et c'est grâce à ces actions quotidienne réussies avec motivation que vous allez réussir vos objectifs principaux. Lorsque les objectifs que l'on se fixe sont atteint, cela permet de vivre dans le succès et d'être satisfait.

- Pour réaliser les objectifs de la journée

- Pour atteindre les objectifs de vie

- Pour travailler efficacement

- Pour atteindre le succès

- Pour une vie plus accomplie

- Pour une vie saine

3- La motivation, une clé de votre succès

Si l'on prend le mot dans sa plus simple définition, le succès, c'est ce qui arrive de bon ou de mauvais à la suite d'un acte ou d'un fait initial. A la base, on entend rarement parler de mauvais succès, il s'agit plutôt d'un résultat qui nous apporte satisfaction, une issue favorable d'une décision, d'une entreprise ou d'une suite d'événements. Le succès est synonyme de réussite. En d'autres termes, qui dit succès dit qu'il y a eu au préalable de la recherche, de la motivation, de la volonté d'obtenir un résultat. Le succès, c'est donc la fin positive d'un processus crée vers cet aboutissement.

Dans l'idée, beaucoup de personne veulent faire beaucoup, mais très peu sont prêtes à investir réellement de leurs personnes pour réussir. Peu sont capable de trouver une motivation renouvelable pour être dans le succès constant.

Ce qu'il faut savoir, c'est qu'aucun succès ou accomplissement personnel ne survient sans défis à relever. Être talentueux peut être nécessaire, mais pas suffisant pour atteindre totalement le succès. Et pour réussir ces défis, il est important d'être motivé. Le succès, c'est une accumulation d'éléments à mettre en place, dont l'un des plus important est la motivation. Quand ces éléments s'ajoutent les unes avec les autres, cela permet d'atteindre le succès.

Une des clé du succès reste donc dans la motivation. Ce n'est bien évidemment pas la seule composante, il peut y avoir les relations, il peut y avoir l'argent, la confiance en soi... Ce qui est sûr, c'est qu'il est difficile d'atteindre ces objectifs sans motivation, ou alors cela signifiait que c'était des objectifs extrêmement facile.

Comprenez ainsi que le succès n'arrivera jamais sur vos genoux, peu importe votre motivation. Rien n'est facile et il faut s'investir. Lorsque vous définissez vos objectifs, il est important de créer également un plan pour les atteindre. Et dans ce plan vous devrez utiliser la motivation pour réaliser les actions quotidiennes qui vous mèneront vers le succès. L'une des plus importante motivation est l'auto-motivation. C'est ainsi cette capacité à continuer à atteindre les objectifs malgré les obstacles et les problèmes inévitables. Contrairement à la motivation externe, qui est activée par d'autres personnes, la motivation personnelle réside en votre personne.

4- Votre ennemi numéro un

c'est vous

Nous parlerons essentiellement de la motivation personnelle, et non de la motivation provenant des autres. A partir de là vous devez comprendre que l'ennemi numéro un pour l'établissement de votre motivation c'est vous. Votre ennemi, c'est tous les comportements hostiles à votre réussite. Tous les comportements qui vont avoir un impact négatif sur votre état d'esprit, sur votre motivation. Il est important pour bien commencer de ne pas directement saboter son état d'esprit par des comportements négatifs.

- Est-ce que vous avez parfois l'impression d'être votre propre ennemi?

- Est ce que vous pensez que vous allez réussir, mais c'est comme si vous faisiez tout pour échouer?

- Vous avez même quelque fois un comportement destructeur?

Il est important de cibler ces mauvais comportements, de les identifier, de les écrire si possible pour pouvoir s'en séparer. Des fois, on ne s'en rend pas compte, et on ne se rend pas compte de l'impact négatif sur la réussite, cela crée directement une baisse d'énergie. Oui, le sabotage personnel est une réalité. Il peut être conscient ou inconscient. Des fois, sans vous en rendre vous allez chercher l'échec. Comment trouver de la motivation dans ces dispositions. Je veux simplement vous dire que vous devez vous mettre dans les meilleurs dispositions possibles. Cela peut-être également des mauvaises habitudes. Nous verrons ainsi ensuite comment changer cette habitude.

Voici les signes que vous êtes votre propre ennemi

Votre attente de contentement constant

Rien dans la vie n'est constant. Il n'y a ni bonheur absolu ni tristesse absolue. Il n'y a que les changements d'humeur qui oscillent continuellement entre ces deux extrêmes. À tout moment, se comparer sur ce que vous ressentez là à ce que vous ressentez à un autre moment, en comparant un niveau de satisfaction un autre. Le bonheur et la tristesse ont besoin l'un de l'autre. L'un renforce l'autre. Vous avez besoin de connaître des mauvais moments pour identifier les moments d'exaltation. La clé est de se concentrer sur le bien. Puissiez-vous vivre consciemment chaque instant de votre vie et vous rendre compte que tout le bonheur que vous recherchez est présent si vous êtes prêt à le remarquer.

Votre obsession à examiner les échecs personnels

Imaginez que vous soyez inscrit à cinq cours d'université dans lesquels vous avez obtenu un A, deux B et deux C. Voulez-vous vous concentrer sur les A ou les C? Souhaitez-vous vous reprocher d'avoir échoué dans les classes de C? Ou pourriez-vous tirer parti de votre intérêt évident et de votre aptitude pour le sujet de la classe A? J'espère que vous réalisez la valeur de ce dernier. Dans cette exemple, je veux simplement montrer qu'il ne faut pas se focaliser sur les échecs, mais plutôt sur ce qui fonctionne. Par exemple, chaque matin, quand vous vous réveillez, pensez à trois choses qui vont bien dans votre vie en ce moment. Donnez ainsi le pouvoir de votre pensée aux influences positives dans votre vie, qui deviendront chaque jour plus fortes et plus influentes. Rappelez-vous souvent de ce qui fonctionne bien et pourquoi, et vous trouverez naturellement le moyen de faire en sorte que beaucoup d'autres choses fonctionnent bien aussi.

Vos croyances qui vous limites

Vous souffrez de vos croyances. Si vous n'avez pas d'espoir en vous, ce n'est pas parce qu'il n'y a pas d'espoir, c'est parce que vous ne le croyez pas. Étant donné que l'esprit dirige le corps, c'est la façon dont vous pensez qui rend les rêves que vous rêvez possibles ou impossibles. C'est cela qui va rendre votre motivation possible. Trop souvent, vous ne connaissez littéralement pas mieux que le bien. Tout commence à l'intérieur. Vous contrôlez vos pensées. La seule personne qui peut vous retenir, c'est vous.

Votre résistance à la vulnérabilité

La réussite est vulnérable. Le bonheur est vulnérable. Le risque d'être vulnérable est le prix à payer pour s'ouvrir aux opportunités. Être vulnérable ne consiste pas à montrer les parties de vous qui sont bonnes, il s'agit de révéler les parties mauvaises que vous préféreriez cacher au monde. Il est difficile de choisir consciemment la vulnérabilité. Pourquoi? Parce que les enjeux sont élevés. Si vous vous révélez trop, il est possible que vous soyez mal compris, jugé ou même rejeté.

Vos attentes sur la façon dont les choses sont censées être.

Vous avez l'imagination de penser à ce que les choses sont supposées être. Ce fantasme vous empêche d'être dans la réalité. A partir de là laissez tomber les attentes inutiles. Apprécier ce qui est. Espérer le meilleur, mais en attendre moins. Définir ainsi des objectifs réalisables, et non des objectifs impossibles.

5- Pas de peur

Pour optimiser au mieux vos chances d'entretenir la motivation, vous devez vous libérer de la peur de réussir, la peur d'atteindre votre succès. Au étrange que cela puisse paraître
le succès et la réussite peuvent amener de profond changement de le quotidien, ce qui peut au fond vous donner la peur de ce changement, et donc de réussir.

En effet la peur de réussir est liée à la peur du changement. En fait, si vous réussissez votre projet, quel que soit ce soit, il y a de grandes chances pour que les choses évoluent comme je viens de vous l'expliquer. Tout va se dérouler suite à cela, de nouveaux projets arriveront, probablement un nouveau statut social accompagné de nouveaux objectifs par exemple. Les choses changent et tout au long de ce mouvement autour de vous, il est évident que vous avez peur de perdre deux choses qui vous sont chères: votre tranquillité et votre sécurité. Sans changements, sans évolutions, sans sortir de sa zone de confort… les choses restent à leur place. C'est une évidence. Et même si vous ne vous sentez pas forcément bien dans cette situation, vous maîtrisez ainsi l'environnement sécurisant construit autour de vous. Du moins c'est ce que vous pouvez penser.

En plus de cela va se rajouter la peur de l'échec. Vous allez avoir des doutes sur votre réussite. Vous êtes motivé mais il y a dans votre coin de la tête cette pensée qui se demande ce qu'il va arriver si vous échouez. Ces deux peurs conduisent généralement à stopper des projets en cours de route et à couper la motivation. Ces peurs peuvent également conduire à repousser les échéances des projets, pour finalement ne pas passer à l'action.

Pour surmonter cela, il est tout d'abord nécessaire d'affronter la peur de l'échec. Pour cela, il est nécessaire de changer votre conception de l'échec. Il n'y a pas d'échec, juste des essais et, en général, les échecs sont les meilleures sources pour apprendre et grandir. Voilà pourquoi on ne doit pas avoir peur de l'échec. La peur de se retrouver dans un environnement différent provient simplement de votre vision. Aujourd'hui, se retrouver dans un environnement inconnu est, en règle général peu dangereux. La peur de réussir n'est pas celle d'atteindre son objectif, mais celle qui a un avenir qui n'est pas maîtrisé. Au final, c'est un mélange entre peur de ne pas maîtriser les choses et manque de confiance en soi.

6- Pas d'excuse

La motivation est un phénomène dynamique qui tire sa

source des perceptions et qui amène à choisir de s'engager dans une activité et de persévérer dans son accomplissement. Sans cette force qui suscite, oriente, et maintient un comportement dans le but de réaliser un objectif précis, il devient difficile d'atteindre la réussite et le succès. Seulement voilà, nous sommes tous victimes de distractions, de l'envie de ne rien faire, de se soumettre à la résignation quand nous sentons que nos actions n'ont pas d'effet dans une situation. Et on se trouve des excuses, et à chaque fois on ne se trouve des raisons qui font que l'on ne va pas passer à l'action. Pour au final ne pas changer, pour au final rester sans évoluer. Mais rassurez-vous, ce réflexe est tout à fait naturel.

L'art de se trouver des excuses, c'est cette tendance à se dédouaner de ses
responsabilités tout en justifiant le manque de motivation par des éléments extérieurs. Pour cette raison, grâce à ce livre, vous n'aurez plus d'excuses à trouver, les excuses, ce sera terminé définitivement pour conserver un processus de motivation dans la durée qui va vous permettre d'être toujours au sommet.

Et si vous êtes en train de lire ce livre, c'est que probablement que vous avez de nouveaux objectifs à atteindre et vous avez envie de changer des choses. Vous en avez la volonté, la preuve vous avez acheter ce livre. Maintenant il est temps de passer à l'action, et il est temps de passer à l'action sans remettre à demain. Pourquoi attendre demain? Pourquoi attendre plusieurs jours ou plusieurs semaines? C'est inutile. La meilleure façon ne ne pas changer est de repousser régulièrement ce que l'on peut commencer maintenant. Pourquoi vous chercher des excuses? Pourquoi vous justifier? Alors que vous pouvez faire le nécessaire pour être toujours motivé. Vous ne devez pas attendre d'avoir un déclic, vous devez simplement agir. En effet le déclic n'arrivera pas forcément. Pour cela il faudra se prendre en main, il faut s'investir, et il faut mettre en œuvre les techniques nécessaires. Il ne faut surtout pas procrastiner, on sait que le moment pour agir peut-être maintenant et pourtant on fait tout sauf cela. La procrastination, c'est de remettre toujours à demain ce que l'on peut faire le jour même, et repousser le changement que l'on voudrait réaliser.

Et il faut également arrêter de croire au miracle et penser que l'on peut créer son propre succès sans travail, sans motivation, sans discipline. Pourquoi nous allons voir qu'il faut entretenir une motivation à toutes épreuves plus utiliser des leviers pour créer des leviers pour atteindre vos objectifs, et justement pour éviter de saboter votre succès. Le succès ne tombe donc pas du ciel. Pour la réussite il faut de l'investissement, pour la réussite il faut de la motivation, pour la réussite il faut de la force de caractère.

Et je vais vous donner un exemple, ce livre peut vous apporter des éléments pour créer votre processus de motivation, et pour renouveler votre motivation au quotidien. Ce livre peut vous apporter des informations, mais ce n'est qu'un outil à utiliser à votre profit. Après c'est à vous de faire le nécessaire et d'y mettre l'investissement pour pouvoir mettre en place un système et des actions quotidiennes qui vous permettront ensuite d'atteindre vos objectifs.

Chapitre 2

Créer le pourquoi par vos passions

1- Qu'est ce qu'une passion

La passion est l'équivalent humain du carburant qui alimente votre voiture. De la même manière, la passion alimente une vie de rêves. C'est une source d'énergie permettant de mener une vie inspirée, motivée par une action volontaire. En termes plus simplifiés, la passion est votre vision de votre vie basée sur vos valeurs fondamentales, vos forces, vos compétences, vos intérêts et vos talents. Avec elle, vous pouvez surmonter n'importe quel obstacle, et résoudre les problèmes. La passion naît souvent de l'expérience. Il est né de l'acte d'essayer de nouvelles choses et d'élargir vos horizons. En d'autres termes, ce n'est pas quelque chose qui vous trouve soudainement alors que vous êtes assis sur votre canapé à la maison en regardant la télévision. C'est plutôt quelque chose que vous devez poursuivre de manière proactive en vous aventurant hors de votre zone de confort pour acquérir les expériences nécessaires pour déclencher ce bonheur qui peut changer le cours de votre vie pour toujours.

Une passion en tant que spécificité est une chose que vous appréciez, dont vous pouvez vous exprimer, qui vous donne le sourire et dont vous êtes naturellement tous le temps motivé. Cela peut être un passe-temps, une activité, de l'art, du sport, parler en public etc... Tout ce qui vous tient à cœur. Si cela vous tire et remplit vos pensées, ou vous fait revivre, alors c'est une passion.

A partir de là il faut comprendre la différence entre une passion et la passion. Comme par exemple vivre de sa passion, ou vivre avec passion

- Si vous choisissez de vivre de votre passion par exemple, vous allez trouver ce que vous aimez faire, vous allez découvrir une ou plusieurs aptitudes naturelles que vous avez dans un certain domaine. Les passions ne sont pas réservées uniquement aux créatifs, les passions peuvent se situer dans tous les domaines. Une personne pour qui la course à pied est une passion peut se lever tous les jours à 5h du matin avant le travail pour aller courir 30 minutes parce que c'est une passion. Elle est suffisamment passionné pour se lever tôt et faire cette activité tous les matins.

- Si vous choisissez de vivre avec passion par exemple, cela implique de poser chaque acte avec une intention. C'est un peu comme si tu avais en permanence à la main une salière pleine de passion. Vous allez assaisonner chacune de vos actions d'une pincée de passion.

2- Différence entre passion et objectif

Il est important de différencier la passion et les objectifs. Il y a une différence et nous allons voir que les deux sont utiles, on peut réaliser ses objectifs sans avoir de la passion. Mais si on y rajoute de la passion on aura beaucoup plus de chance de s'en tenir.

La passion est ce qui vous motive vraiment. La passion est ce qui vous alimente, la passion va donc vous apporter naturellement de la motivation. Avec la passion vous aurez moins besoin d'utiliser des leviers comme l'autodiscipline ou encore les bonnes habitudes. Ou alors vous aurez à les utiliser uniquement dans quelques moments.

La passion est souvent ce qui démarre le moteur, même si ce n'est pas toujours obligatoire, cela reste vraiment important. Mais la passion n'est pas tout. Si vous cherchez à obtenir un succès remarquable, épanouissant et phénoménal, vous devez toutefois avoir deux composantes: la passion et l'objectif.

Quelle est la différence?

La passion est vos émotions convaincantes derrière des situations qui vous donnent du rêve. Vos sentiments conduisent votre passion. L'objectif est le pourquoi derrière tout cela. L'objectif est une des raisons profondes de votre existence. Sans objectif, difficile de trouver des raisons à l'existence. Prenons l'exemple qui consiste à créer un feu de bois. Si vous devez allumer un feu de camp efficacement avec passion, vous allez commencer par une fondation en bois, qui est votre objectif, et vous allez allumer le feu avec par une allumette, c'est à dire votre passion. Vous avez besoin des deux pour que le feu commence. Si la flamme s'éteint vous allez allumer avec une autre allumette, et cette fois ci avec encore plus de passion pour que cela fonctionne mieux. Mais si vous n'établissez pas une bonne fondation en bois au début, votre passion s'éteindrait rapidement d'elle-même.

Suivre votre passion tout en vivant votre objectif est l'objectif ultime de la vie

Pourquoi les personnes cherchent à travailler et à vivre de leurs passions. Car l'on passe une grande partie de notre temps au travail. En conséquence si l'on est pas passionné par son travail, il est vécu comme un travail. Si en revanche on travail à partir de sa passion, on le vit comme une activité et non un réel travail. Vous devez trouver votre but ainsi que votre passion et ensuite trouver idéalement l'intersection des deux.

3- Comment trouver vos passions

Pour trouver vos passions, il n'y a rien d'extraordinaire. Bien souvent, quand on a une passion, on le ressent vraiment, car on a des émotions liées à ce que l'on fait, des émotions très positives. Cela veut dire que l'on est passionné. Il ne faut pas non qu'une passion peut souvent être surestimé. On a des fois trop tendance à surestimer une passion. Une passion est une activité que vous aimez à un degré d'émotion supérieur.

Vous pouvez suivre ces 5 étapes pour aller chercher vos passions

- Commencez par regarder ce que vous aimez et ce que vous n'aimez pas: Vous allez déjà faire un premier grand tri en sachant ce que vous aimez et ce que vous n'aimez pas dans ce que vous faites. N'hésitez pas à le noter sur une feuille de papier. Vous pouvez également classer ces idées par thème. C'est à dire par domaine général, et ensuite par champ plus spécifique. Faites par exemple une liste de domaines qui vous intéressent particulièrement

- Faites un point sur ce que vous achetez. Regardez votre collection de livres, vos magazines, vos DVD, vos CD. Lorsque vous allez faire ce travail d'analyse vous allez probablement trouver des thèmes qui se dégagent. Comme par exemple acheter des magazines et des livres sur le même sujet et ainsi de suite. Ensuite posez-vous les bonnes questions. Quels sont les sujets qui vous intéressent constamment? Sur quoi travaillez-vous? Que faites vous durant votre temps libre. Ce sont tous des signes intéressants à prendre en compte. N'oubliez pas que les passions sont souvent irrationnelles; elles sont liées au émotions, elles sont différentes de la logique et de la raison.

- De quoi aimez-vous parler, apprendre ou enseigner aux autres : Cela peut se regrouper en partie sur le point précédent. Mais à la différence est que vous devez aller chercher ici
les sujets de conversation qui vous tiennent à cœur, vous allez voir ce que vous aimez enseigner aux autres sur vos expériences personnelles. Ce sont également souvent des signes d'une passion. Là encore vous devez vraiment prendre en compte le facteur émotionnel. Ressentez-vous une certaine excitation quand vous parlez de certains sujets. Êtes-vous dans l'émotion quand vous enseignez un savoir faire à quelqu'un.

- A partir de cette analyse, vous allez cibler des thèmes précis qui seront susceptibles d'être des passions. Pour être sûr vous allez tester ces thèmes en analysant vos émotions quand vous serez confronté à ces situations. Si les émotions et l'enthousiasme confirme ce que vous aviez noté, si vous sentez un élan de positivité dans ces situations, c'est que vous tenez une passion.

- Maintenant que vous en êtes à ce stade, la suite consiste à commencer chaque jour à prendre des mesures cohérentes axées sur la passion. Et ainsi de rassembler vos passions à vos objectifs.

4- La passion comme motivation longue durée

Vos passions, c'est également une source de motivation longue durée. Nous allons voir que l'autodiscipline et les habitudes permettent d'entretenir la motivation, même dans les moments difficiles. Mais la motivation va vous permettre de continuer toujours positivement sur la durée.

Imaginez par exemple que vous créez un blog sur un thème qui est lucratif, mais qui n'est pas une passion. Vous allez travailler efficacement au début sur ce blog, vous allez rédiger des articles et vous avez faire le nécessaire. Cela va fonctionner quelques mois et ensuite, bien que la niche puisse être lucratif, vous allez rapidement perdre en motivation et avoir du mal à continuer à créer des articles.

Pourquoi? Car vous n'êtes pas passionné par le thème de votre blog. Vous n'avez vu que la rentabilité. Au début tout allé bien et avec le temps il est de plus en plus difficile de continuer sur le blog. Si vous êtes passionné par le thème de votre blog, vous aurez toujours envie de continuer, d'aller chercher de nouveaux articles sur le thème, de partager vos expérience, d'embellir votre blog et ainsi de suite. C'est donc extrêmement judicieux dans le temps.

– Vous serez enthousiasmé sur du long terme

– Vous aurez toujours de la motivation

– Si c'est un travail, vous seriez presque prêt à le faire gratuitement

– Quand vous êtes dessus, vous avez l'impression que le temps passe très vite

Comprenez donc qu'être passionné vous permettra réellement de continuer avec enthousiasme sur du long terme. Vous avez un objectif sur du long terme à réaliser, vous êtes passionné vous savez déjà que des mois après vous aurez toujours envie d'aller au bout de cette objectif. Vous n'êtes pas passionné deux solutions s'offriront à vous quelques mois après, vous renoncerez à cet objectif ou alors vous utiliserez la discipline pour continuer car vous vous devez d'atteindre cet objectif.

Chapitre 3

Créer le pourquoi par vos objectifs

1- Qu'est ce qu'un objectif

Les objectifs sont ce que vous souhaitez travailler et accomplir pour être satisfait de votre avenir et de ce que vous devenez. Cela peut-être par exemple de créer une relation, de créer une entreprise, de parcourir le monde, d'améliorer votre santé et vos finances. Certains sont spécifiques, d'autres sont plus vagues. Cependant, sans au moins un de ces objectifs en tête, vous ne verrez pas beaucoup de progrès dans la bonne direction. Et nous allons justement voir comment vous pouvez avoir des objectifs clairs pour justement pouvoir savoir ou aller pour optimiser sa motivation. Les objectifs que vous vous fixerez affecteront votre avenir, car vous allez mettre en place des actions quotidiennes pour réaliser ces objectifs.

Si vous ne savez pas quels objectifs vous devez définir, si vous êtes distrait par les événements de votre vie, ou même si vous êtes dérouté l'environnement extérieur, ne vous inquiétez plus. Vous trouverez ci-dessous une méthode pour définir vos objectifs. Commencez à définir des objectifs puissants. Ensuite, faites de votre vie la façon dont vous le souhaitez en donnant à vos objectifs toute votre attention grâce à la motivation que vous allez avoir au quotidien.

Gardez à l'esprit que les personnes qui réussissent se fixent des objectifs. Elles ne réussissent pas par le fruit du hasard. Il faut déterminer ce que vous voulez, visualiser votre réussite, décomposer les objectifs de vie en plus petits et élaborer un plan détaillé pour chacun d'eux. Ensuite ce sera à la motivation de faire le travail pour réaliser chaque jour ces actions quotidiennes.

Maintenant imaginez un peu une vie sans objectifs, vous allez très vite voir que vous ne serez pas heureux, que vous vous sentirez inutile. Prenez un moment et fermez les yeux, et imaginez un peu le tableau de votre vie sans aucun objectif. Vous verrez à quel point il est difficile d'avancer. Quel est le but d'une vie si on n'a ni projet, ni objectif, ni aspect de notre quotidien que l'on veut atteindre ou améliorer. La notion de fixation d'objectifs peut s'appliquer dans n'importe quelle sphère de notre vie, vos buts peuvent être en lien avec votre profession, votre famille, vos loisirs etc...
Il est donc primordial de se fixer des objectifs pour se challenger, se réaliser et repousser ses limites. Atteindre un but après l'autre est une excellente façon d'avancer sur le chemin vers le succès et la réussite. L'important est de se

fixer des objectifs bons pour soi et de les atteindre de la bonne manière. Si réaliser ses objectifs donne certainement du sens à notre vie, ils fournissent également de la motivation au quotidien pour passer à travers les étapes les plus difficiles.

Pourquoi vous devez obligatoirement avoir des objectifs

– Pour donner du sens à votre vie et savoir pourquoi vous vous levez le matin.

– Pour vous assurer que c'est vous qui choisissez votre vie, et non votre entourage ou un concours de circonstance dû à notre société actuelle.

– Pour rester motivé.

– Pour vous prouver, à vous-même, qu'il est possible d'obtenir tout ce que l'on veut dans la vie.

– Pour gagner du temps et de l'efficacité

– Pour réduire le stress quotidien

– Pour avoir un sentiment d'accomplissement et de fierté

2- Différence entre objectif et rêve

Tout comme il est important de différencier les objectifs et les passions, il est important de différencier les objectifs des rêves. Un rêve n'est pas forcément un objectif comme un objectif ne relève pas forcément du rêve mais bien d'une définition rationnelle de l'objectif, comme nous allons le voir ensuite.

Les rêves vous donnent la vision de l'endroit où vous voulez, dans le sens le plus simple, n'est jamais réalisable. En revanche lorsque l'on parle de rêve dans la vie quotidienne, ils peuvent s'approcher d'objectifs réalisables. Les rêves vous permettent d'imaginer, les rêves vous donnent des envies, et les rêves vous donnent justement la possibilité d'avoir des objectifs.

Les objectifs sont votre équipe de construction. Ils sont les travailleurs qui aident à transformer vos rêves en réalité. Vous ne pouvez atteindre les objectifs que par l'action. Trop confondent un rêve et un objectif. Ils cherchent à réaliser un rêve. Les rêves ne peuvent pas être réalisés, en revanche on peut les revoir pour les transformer en objectif. Car un objectif est réalisable. Vous réalisez vos rêves en créant des objectifs autour de chacun de vos rêves, puis poursuivez chaque objectif en prenant des mesures. Les rêves nécessitent une vision d'un objectif futur. Les objectifs, en revanche, exigent que vous preniez des mesures qui transformeront vos rêves en réalité.

Voyons les différences les plus importantes

- Les objectifs ont généralement une échéance. Les objectifs dans la vie doivent avoir une date limite.

Ils doivent avoir une limite temporelle. Les rêves peuvent durer éternellement. Nombreuses sont les personnes qui ont des rêves durant toute leur vie mais qui ne les réalisent jamais.

– Les rêves sont gratuits. Les objectifs ont un coût. Il vous est possible de rêver et ce, de manière gratuite. Toutefois, vous ne pourrez atteindre vos objectifs sans avoir le temps, sans dépenser de l'argent, sans effort et sans travail.

– Les objectifs produisent des résultats. Les rêves, non. Si vous voulez changer le cours de votre existence, votre travail ou encore votre rang, vos objectifs peuvent vous aider. Avec les rêves, tout suit son cours et rien ne change.

– Les objectifs sont basés sur la réalité. Les rêves sont imaginaires. Vous pouvez rêver d'être un autre homme, cela n'arrivera jamais. Les objectifs consistent en des choses auxquelles vous pouvez vraiment aboutir, ils sont basés sur votre réalité.

– Les objectifs ont une ligne d'arrivée. Les rêves ne finissent jamais et peuvent durer éternellement. Les objectifs ont un résultat spécifique.

– Les rêves peuvent être une source d'inspiration. Les objectifs peuvent changer votre vie. Les rêves peuvent vous motiver et vous inspirer. Mais les buts peuvent modifier votre vie pour toujours.

– Les objectifs doivent être focalisés. Les rêves, non.

Les rêves peuvent changer et être finalement des pensées à la dérive. Les objectifs doivent être centrés sur un point spécifique et il faut que vous les ayez toujours à l'esprit.

- Pour atteindre vos objectifs, il vous faudra travailler dur. Les rêves ont juste besoin de votre imagination. Rêver est facile.

- Les rêves vivent de votre imagination. Les objectifs ont besoin de votre personne. Les rêves aboutissent souvent à des rêves plus importants, tandis que vos buts vous aident à être plus grand.

3- Pas d'objectif, pas de motivation

A partir de là, vous devez comprendre qu'il vous faut obligatoirement des objectifs pour pouvoir avoir de la motivation. La motivation ne peut prendre sens que quand il y a des objectifs. En effet une personne avec un objectif clair et qui ce sait exactement ce qu'elle veut sera bien plus efficace et productive qu'une personne qui se disperse ou qui ne sait pas exactement où elle veut aller. La motivation va considérablement varié. Il y a bien évidemment d'autres facteurs, mais sans créer son pourquoi, comment être motivé.

Prenons un exemple, vous avez probablement vécu des matins où vous vous êtes levé avec absolument aucune idée de quoi faire durant votre journée. Aucun objectifs de journée, aucune action à mettre en place, absolument rien. Vous avez également dû remarquer que vous ne ressentiez rien, vous n'aviez pas la moindre motivation ou pas le moindre courage. La seul motivation que vous pouviez avoir était de vous motiver pour justement trouver des objectifs à réaliser dans votre journée. Cela arrive quand on n'a pas de réelles objectifs dans la vie, et cela peut devenir très vite un problème.

En effet à l'opposé la personne avec un objectif clair ira à l'essentiel sans se poser de question, tout en cherchant à atteindre l'impact maximum en optimisant les efforts. Les détails inutiles et les questions philosophiques ne vont pas l'intéresser non plus.
Sans des objectifs clairs vous aurez beau essayer de travailler dur vous n'atteindrez pas ce que vous souhaitez car vous serez ralenti par votre indécision, et par voie de conséquence vous n'aurez pas la motivation ou la volonté de vous tourner vers ces objectifs. La seule solution résidera alors dans l'autodiscipline et la force des habitudes.

4- Les différents objectifs dans le temps

Il y a quatre types d'objectifs basés sur le temps Lorsque vous vous fixez un objectif, le temps que vous vous laissez pour l'atteindre va avoir une influence sur le résultat que vous obtiendrez à la sortie. On trouve en effet les objectifs de vie, les objectifs à long terme, les objectifs à court terme, les objectifs de progression. Il est important de comprendre les différents types d'objectifs pour ne pas se laisser submerger pas les objectifs, ou, à l'inverse, ne pas avoir assez d'objectifs. Si vous avez trop d'objectifs à court terme par exemple, vous serez débordé et vous allez échouer sur certains. Cependant, vous pourrez toujours les retenter plus tard lorsque vous aurez mieux compris vos limites personnelles. Ce n'est pas le cas des objectifs à long terme ou de vie, qui vous prendrons tout votre temps et dont le résultat restera incertain un long moment.

Les objectifs de vie

Les objectifs de vie sont des objectifs par rapport à vos choix de vie dans leurs globalités sur les années et les décennies. La meilleure façon de trouver ces objectifs de vie c'est de vous projeter dans le futur et de vous imaginer ce que vous voudriez devenir. Vous allez ainsi vous demander quel travail vous voulez exercer, quel type type de vie familiale vous voulez avoir, quel projet d'investissement financier vous voulez faire, ou encore si vous voulez tenter l'expérience d'une vie à l'étranger. Vos objectifs de vie sont bien entendu différents aujourd'hui de ce qu'ils seront dans les années futurs. Il est normal que ceux-ci évoluent avec le temps. Cependant, ce changement ne se fait pas rapidement. Ces objectifs englobent tous les autres objectifs que vous vous fixerez au cours de votre vie. Bien entendu, il faudra vous fixer à la fois des objectifs à long terme et des objectifs à court terme pour commencer à agir et avancer vers l'atteinte de vos objectifs.

Les objectifs à long terme

Les objectifs à long terme sont votre base solide de travail.
Vous devez vous fixer une limite de temps pour les
atteindre. Ce sont ainsi des objectifs que l'on se fixe
généralement sur quelques années. Rappelez-vous que la
plupart des gens surestiment ce qu'ils peuvent faire avec
des objectifs à court terme, mais sous-estiment ce qu'il est
possible d'accomplir avec des objectifs à long terme.
Contrairement aux objectifs de vie, ceux-ci sont plus précis
et nécessitent un certain niveau de planification pour
pouvoir obtenir le résultat souhaité. Un objectif à long
terme peut être de vous expatrier à l'étranger dans les 3 ans
qui arrivent. Cela peut-être d'économiser telle somme
d'argent pour acheter une maison.

Les objectifs à court terme

Les objectifs à court terme ne sont pas forcément très
courts. Cela peut être un objectif à atteindre en un mois, 6
mois voir même un an. Ce sont des objectifs qui sont
soutenus par les objectifs de progression avec pour unique
but d'atteindre vos objectifs à long terme et vos objectifs
de vie. Dans l'exemple de l'expatriation, vos objectifs à
court terme vont être d'apprendre la langue, de préparer
des documents administratifs, de planifier un changement
de travail etc... Pour économiser de l'argent pour acheter
une maison, un objectif à court terme peut-être de dépenser
telle somme d'argent dans le mois pour la nourriture, telle
somme d'argent pour les loisirs, telle somme d'argent pour
les transports de façon à satisfaire votre objectif sur du

long terme.

Les objectifs de progression

Ce sont des objectifs de transition. Dites-vous simplement que ce sont des étapes qui vous permettront d'atteindre de plus grands objectifs. Ce sont les fondamentaux qui vous aident à bâtir vos objectifs à court terme puis vos objectifs à long terme et de vie. Ce sont des choses que vous ferez tous les mois ou bien en une seule fois.Dans l'exemple de l'expatriation, cela peut être de penser dans sa tête dans la langue que l'on apprend pour améliorer sa progression. Pour le cas d'économiser de l'argent, cela peut être de créer un processus mental pour ne pas se laisser tenter.

5- Utiliser la méthode SMART pour définir vos objectifs

Définir vos objectifs de changement de façon optimisée, c'est utiliser la méthode **S.M.A.R.T.**

Ces lettres signifient Spécifique, Mesurable, Accessible, Réaliste et Temporel. C'est un concept inventé par George T. Doran qui est utilisé en management pour la gestion de projet. Le principal avantage de cette méthode, c'est de rendre vos objectifs clairs et limpides, et également de vous permettre de suivre vos progrès facilement.
Pour fixer vos objectifs de changements, commencez par renoncer à l'idée d'être parfait. En effet, la première chose à prendre en compte pour être efficace est de se fixer des objectifs réalistes et réalisables. Pour cela, il faut voir de

quelle situation vous partez et vous fixer des paliers et des échéances. Il est inutile de vouloir changer radicalement du jour au lendemain, cela ne contribuerait qu'à vous décourager. La routine matinale va s'instaurer progressivement, vous allez vous fixer des objectifs chaque jour, chaque semaine pour créer le changement, jusqu'à ce que votre routine soit définitivement mis en place.

Je vous conseille fortement d'écrire vos objectifs. Le fait d'écrire vos objectifs vous permet de clarifier ce que vous envisagez de faire et de vous engager dans leur réalisation. Voir vos objectifs écrits vous rappelle que vous avez pris un engagement vis-à-vis de vous-même et vous pousse vraiment à faire le nécessaire dans ce sens.

S pour Spécifique

Un objectif SMART doit être spécifique et concret. C'est la première étape et sans doute la plus importante. Un objectif trop vague ou trop large ne peut pas être poursuivi de manière efficace. Il faut donc être précis lorsque l'on détermine un but. Un objectif flou n'est pas considéré comme un objectif. En effet on ne peut pas progresser si on ne sait pas vers quoi l'on progresse. Si votre objectif manque de clarté, tâchez d'être plus focalisé dans l'énoncé de votre objectif et n'hésitez pas à le décomposer en plusieurs objectifs plus petits.

Cela est nécessaire lorsqu'on a affaire à un objectif complexe, couvrant plusieurs activités différentes. Si mon but est d'avoir une vie saine, c'est trop vague. Il faut définir que l'on veut manger tel aliment tous les jours par exemple, que l'on va faire tel sport chaque semaine et ainsi de suite.

M pour Mesurable

Sans la possibilité de mesurer, il est très difficile en effet de suivre les progrès que l'on accomplit par rapport à son objectif. En quantifiant les choses à accomplir, on introduit des critères objectifs pour évaluer le résultat. Quantifier clairement son objectif permet de se concentrer sur la cible à atteindre. Il n'y a plus d'ambiguïté quant au but précis. Non seulement cela induit une focalisation qui est bénéfique, mais cela permet aussi de comparer les progrès accomplis à la cible que l'on vise. Cette comparaison nous renvoie un signal très clair sur la base duquel on peut ajuster sa trajectoire. Ce retour immédiat sur la performance est une clef de la motivation.

A pour Atteignable

On trouve parfois Ambitieux plutôt qu'Atteignable pour le A de SMART. La contradiction n'est qu'apparente. Que ce soit dans un cas ou bien dans l'autre il faut savoir si on peut atteindre l'objectif ou non. C'est très bien d'avoir un objectif clair et quantifié, mais ce n'est pas suffisant. En effet si votre objectif rentre dans le domaine de quelque chose qui est inaccessible, vous mettrez en place des actions régulières sans jamais pouvoir atteindre l'objectif. Cependant les objectifs doivent aussi rester de l'ordre de quelque chose qui n'est pas facilement accessible. Ce ne doit pas être trop facile. Pour mettre par exemple en place des habitudes saines, il faut élever les objectifs et il faut qu'il soit réalisable, mais à la limite haute de la réalisation.

C'est ainsi que naîtra l'étincelle qui vous donnera envie de vous investir totalement.

R pour Réaliste

Un objectif atteignable comme nous venons de voir est un objectif qui tient compte de notre niveau au moment où nous nous fixons cet objectif. Pour être réaliste, un objectif doit aussi prendre en compte nos ressources comme le temps, l'énergie, l'argent et notre contexte comme la famille ou le travail. Les objectifs que l'on se fixe doivent être compatibles avec ces ressources.

T pour Temporellement défini

C'est un aspect essentiel d'un but proprement défini. On aura beau clarifier l'objectif, il faudra également répondre à la question du quand. L'échéance induit un sentiment d'urgence ou tout du moins une responsabilité qui va être une force dans la poursuite de l'objectif.

Chapitre 4

Créer un système de motivation interne

1- Apprendre à se connaître

Pour commencer votre système de motivation interne, il est indispensable de bien se connaître. L'expérience vous amène à pouvoir toujours plus vous connaître. Mais à l'âge adulte on peut rapidement vraiment se connaître. Se connaître est important car vous devez savoir qu'il n'y a pas un système de motivation interne clé en main qui conviendra à toutes les personnes. Ce que je donne ici ce sont des pistes, mais chaque personne est différente et il fait ensuite ajuster les pistes pour l'adapter à sa personne. C'est l'une des clés car, comme nous l'avons dit, difficile d'instaurer un système de motivation interne si vous ne vous connaissez pas. On peut prendre le meilleur système possible d'un point de vue objectif, si il n'est pas adapté à votre personne, cela ne servira à rien.

Créez un questionnaire sur vos goûts et faîtes un bilan

Répondez aux questions ci-dessous, vous pouvez également le présenter sous forme d'un tableau, ensuite vous allez faire un point sur l'ensemble de vos réponses pour pouvoir déterminer ce que vous aimez. Cela vous permet ensuite de mieux vous connaître pour cibler vos préférences.

- Quelles sont mes goûts?

- Qu'est ce que j'aime faire?

- Qu'est ce qui me fait plaisir?

- Dans quelles activités suis-je bon, ai-je de la facilité?

- Qu'est ce que je n'aime pas, je n'apprécie pas?

- Quelles activités sont au-delà de ma zone de confort de mes aptitudes?

- Quelle est mon opinion de moi-même?

- Comment je me traite en parole et en action?

- Comment les autres me traitent?

L'exercice d'observation du panneau de couleur

Les couleurs répondent à nos vibrations. En lien avec elles, notre organisme cible les vibrations de certaines couleurs afin qu'elles reflètent nos émotions intérieures que nous avons, parfois, du mal à accepter ou à percevoir.

Cet exercice sur la connaissance de soi par les couleurs stimule l'œil et nous permet de faire le point sur le ressenti de l'instant présent. Mettez vous en état de détente. Respirez tranquillement et regardez un panneau représentant les douze couleurs que je vais citer en dessous.

Sans chercher à faire un lien avec vos goûts personnels, une décoration ou la couleur de vêtements, simplement en regardant les couleurs. Repérez une ou deux couleurs qui vous attirent particulièrement et que vous aimez bien. Laissez vous choisir par elles.

Faites de même avec une ou deux couleurs que vous n'aimez pas.

Vous aimez :

- L'écarlate : vous avez besoin de trouver ou de retrouver vos bases à partir desquelles vous vous construisez. Prenez soin de votre corps. Bougez, reconnectez vous à la nature et à la terre.

- Le rouge : vous avez besoin de vos sentir en sécurité, protégé, accueilli, accompagné. Reconnaissez la culture et les croyances dans lesquelles vous êtes baigné. Vous êtes sans doute fatigué et souhaitez retrouver du tonus.

- Le orange : vous avez besoin d'amusement, de vous faire plaisir, de rire, de chanter, de vous reconnecter avec votre enfant intérieur. Émerveillez vous. Osez créer.

- Le jaune :vous avez besoin de digérer les événements de

la vie, trier ce que vous gardez et rejetez dans les aliments, les croyances et les connaissances, les relations ou les situations. Ayez confiance en vous.

- Le citron : vous avez besoin de vous construire avec ce que vous avez acquis, de vous structurer. Partagez ce que vous êtes et ce que vous savez. Vous avez besoin de trouver votre place dans la société.

- Le vert : Vous avez besoin d'être aimé. Vous attachez de l'importance à l'image que l'on vous renvoie de vous ainsi qu'à ce que les gens pensent de vous.

- Le turquoise : Vous avez besoin de stimuler votre système immunitaire, d'apprendre à vous défendre, à vous protéger, à mettre la bonne distance entre vous et les autres pour communiquer, échanger tout en préservant votre intégrité.Recherche de l'équilibre.

- Le cyan : vous avez besoin de vous exprimer. Vous avez besoin d'affirmer, de dire quelque chose de ce que vous êtes.

- L'indigo : Vous souhaitez développer votre intuition, votre perception globale de la réalité. Vous prenez conscience que le savoir devient connaissance par l'expérience et que seule la connaissance ouvre le champs de conscience.

- Le bleu : Vous aspirez à la paix, à la sérénité, à la méditation comme espace de croissance et de spiritualité. Prenez du temps pour ne rien faire et être tout simplement là, présent à la vie. Vous avez besoin d'intégrer vos expériences pour grandir. Vous avez besoin de faire l'unité entre vos connaissances rationnelles et intuitives.

- Le violet : Votre vie doit prendre sens au sein de l'humanité et de la planète. Vous n'êtes pas le fruit du hasard mais quelqu'un qui a sa place dans l'univers.

- Le magenta : Vous avez besoin de faire l'unité en vous. Vous aspirez à changer de niveau, à franchir une nouvelle étape qui soit dans la continuité des précédentes. Vous avez besoin de vous sentir unis aux autres.

Vous n'aimez pas :

- L'écarlate : vous n'acceptez pas vos limites, vos bases. Vous rejetez votre corps. Apprivoisez-vous. Votre corps est le vôtre, c'est en l'acceptant que vous pouvez le faire évoluer.

- Le rouge : Vous avez sans doute trop materné les autres et vous en avez assez ou l'inverse vous vous sentez trop materné. Occupez vous de vous. Vous avez tendance à rejeter le milieu dans lequel vous êtes né, ses croyances et sa culture.

- Le orange :Vous savez peu ou pas vous faire plaisir. Vous êtes une personne trop sérieuse. Amusez vous.

- Le jaune : vous avez du mal à faire le tri entre ce que vous gardez et ce que vous rejetez. Lâchez prise. Vous avez tendance à instrumentaliser beaucoup, à ruminer en tentant de tout analyser, de tout contrôler.

- Le citron : vous avez trop de chose à digérer dans la vie. Attention à l'alimentation mais aussi de ne pas vous encombrer la vie avec trop de choses à gérer.

- Le vert : vous ne vous sentez pas reconnu et aimé comme vous l'aimeriez.

- Le turquoise : vous ne savez pas mettre la bonne distance entre vous et les autres pour communiquer ou vous êtes trop sollicité.

- Le cyan : quelque chose vous reste en travers de la gorge que vous n'arrivez pas ou ne pouvez pas exprimer. Votre créativité est bloquée.

- L'indigo : vous vous prenez trop la tête. Vous pensez trop plutôt que de laisser votre intuition vous donner les informations dont vous avez besoin. Peut être avez-vous peur des expériences et voudriez -vous tout contrôler.

- Le bleu : vous réfléchissez plus que vous ne méditez. Vous avez du mal à faire le vide dans votre tête.

- Le violet : vous avez, sans doute, une difficulté avec l'autorité. Vous êtes rebelle à tout ce qui est obligatoire ou interdit. Vous fuyez les "gourous" qui veulent vous imposer un chemin. Mais restez attentifs aux vrais guides.

- Le magenta : vous avez du mal à faire votre unité intérieure. Vous avez du mal à franchir des étapes, à changer. Vous avez du mal à vous sentir en communion avec les autres.

- Vous aimez toutes les couleurs : vous avez un équilibre de vie dynamique. Continuez à aimer la vie et à la croquer à pleines dents.

- Toutes les couleurs vous laissent indifférent : vous traversez une période de spleen. Vous avez peu le goût de faire les choses mais ne rien faire vous ennuie aussi.

- Toutes les couleurs vous repoussent : vous êtes en période de rejet, de révolte, de négativité, de victimisation.

2- Visualiser ses objectifs régulièrement

Il est nécessaire de visualiser ses objectifs régulièrement. Visualiser ses objectifs permet de toujours conserver la piste que l'on a à l'horizon pour ne pas s'en détourner. La visualisation d'objectifs se base sur le pouvoir de votre mental qui ignore la différence entre ce qui est imaginaire et ce qui et réel. La visualisation d'objectifs permet d'activer les puissants pouvoirs du cerveau et de les mettre au service d'un objectif précis.
En effet, quand votre cerveau visualise une action, il active les mêmes circuits neuronaux que lorsqu'il réalise vraiment cette action. Cette technique est utilisée par tous les sportifs de hauts niveaux pour se préparer aux compétitions. Ainsi, quand vous effectuez une tâche que vous avez visualisée auparavant votre cerveau gère l'action comme s'il l'avait déjà gérée. Cette technique, a utiliser régulièrement, vous permettra d'avoir de la motivation.

Prenons un exemple. Imaginez le job de vos rêves. Visualisez-vous dans cette fonction. Imaginez ce que vous allez faire, les gens que vous pouvez rencontrer, comment vous parlez et agissez... Tout ce qui caractérise pourquoi ce travail est important et ce qu'il évoque pour vous. Prenez tout le temps nécessaire pour que ces images, ces sensations soient les plus concrètes possibles et laissez tous vos sens intégrer cette visualisation.

Comment visualiser

- En termes simples, la visualisation commence par l'établissement d'un objectif, puis par l'impression de l'atteindre en détail, en s'y concentrant sur le long terme. Il existe de nombreuses techniques de visualisation, et tout le monde peut en pratiquer une ou plusieurs pour atteindre des objectifs. Une technique de base consiste à rester assis les yeux fermés tout en imaginant pouvoir réaliser un rêve spécifique avec autant de détails que possible. Ce faisant, envisagez l'objectif comme si vous l'aviez déjà atteint. Vous

- Utilisez un symbole fort qui va matérialiser cet objectif, c'est à dire un mot ou un objet qui peut le concrétiser. Écrivez-le au besoin. Mettez ce symbole dans un endroit spécifique et visionnez-le chaque jour en éprouvant la sensation de l'avoir déjà obtenu.
Voir et revoir ce symbole vous rappelle toutes les sensations que l'objectif représente pour vous. Cela va ainsi vous permettre de le garder comme priorité.

- Utiliser un panneau de vision. Beaucoup de personnes utilisent également cette technique de visualisation dans laquelle une personne découpe des images de magazines et de journaux représentant ses objectifs avant de créer un collage d'images illustrant ce qu'elle souhaite réaliser.

- Les affirmations quotidiennes aident à renforcer la confiance et à définir clairement les objectifs. Choisissez des affirmations positives qui vous permettront de briser les barrières qui vous empêchent de mener la vie que vous voulez mener.

.

3- Se concentrer sur des petites actions quotidiennes

Ce que vous devez comprendre, c'est l'importance de la mise en place de petite action quotidienne ou hebdomadaire pour votre réussite finale. Comme je vous l'ai dit vous devez conserver votre objectif principal global de réussite par la visualisation positive. Malgré tout il ne faut pas en faire une finalité dans le sens où vous devez ensuite vous concentrer sur les petites actions quotidiennes qui vous permettront d'avancer. A partir de là il sera important de vous concentrer sur de petites habitudes quotidiennes ou hebdomadaires pour obtenir de gros résultats ensuite. Il ne faut pas échouer en ne pensant uniquement l'objectif final et en oubliant de travailler efficacement chaque jour dans les petites actions. En effet ce sont les petites actions qui formeront la base de votre réussite d'objectif. Beaucoup de personnes échouent car elles veulent réussir tout de suite. Résultat elles brûlent les étapes et ne s'impliquent pas dans les petites actions quotidiennes, et le résultat final s'en fait ressentir.

Ainsi vous devez suivre vraiment cette logique, à savoir de réaliser à fond des petites actions quotidiennes pour obtenir de gros résultats. C'est en allant au bout de ces petites actions quotidiennes que vous allez pouvoir, additionner les unes avec les autres, atteindre le succès.

Prenons maintenant un exemple, vous avez comme objectif d'écrire un livre, votre premier livre à partir de demain. Ce que je vous invite à faire, c'est d'utiliser la visualisation positive de temps en temps pour votre objectif principal, mais ensuite de penser à la création de votre livre jour après jour, et de ne pas rester obsédé à l'idée de publier le livre par exemple. Vous allez simplement vous focaliser sur la création de votre livre, et qui plus est sur chaque page jour après jour. Vous allez le premier jour vous focaliser uniquement sur le choix de votre sujet, puis le second sur créer le plan de votre livre, et le troisième sur écrire votre introduction et ainsi de suite... Vous vous lèverez le matin en vous disant que vous devez écrire 5 pages par exemple dans votre livre, et vous allez vous focaliser sur la réalisation de cette objectif. Rien de plus mais vous devez impérativement avoir écrit vos 5 pages à la fin de la journée. Et ainsi de suite. Vous comprenez donc qu'en fonctionnant ainsi, vous donnerez le meilleur de vous-même chaque jour dans des petites actions quotidiennes. Et avec le temps quand vous allez ajouter une à une toutes ces actions quotidiennes, vous allez avoir des résultats surprenants. Car le travail que vous aurez produit sera de qualité puisque que vous vous serez focalisé sur vos petits objectifs de chaque journée.

Ainsi vous devez vous concentrer à chaque fois à chaque échelle de temps. Vous devez mettre en place vos actions du jour. A la fin de votre semaine vous aurez ajouté plusieurs actions quotidiennes et vous aurez avancé sur votre objectif. Faites le point à la fin de semaine et continuez de cette façon là.

Lorsque j'ai commencé à écrire des livres, je ne pensais pas en produire beaucoup au début. Et c'est finalement par la mise en place d'actions quotidiennes d'écriture que j'ai obtenu de gros résultats avec l'écriture de mes livres. Je ne pensais pas à la fin de mon livre, je ne pensais pas à l'accumulation de plusieurs livres, je pensais simplement à me concentrer à écrire par exemple pendant 3 heures au cours de ma journée, 3 heures efficacement. Des fois plus, des fois moins. J'utilisais la visualisation positive pour mon objectif final, mais je me concentrais sur les actions quotidiennes d'écritures. Et c'est dans l'accumulation de ces actions d'écritures quotidiennes que j'ai pu obtenir de gros résultats.

4- Mettre en place des récompenses

Ensuite, il existe une récompense qui aide votre cerveau à déterminer si la boucle mérite d'être rappelé pour l'avenir. Vous avez entamer votre nouvelle habitude, vous avez crée votre propre signal, mais il faut le petit plus au bout qui donne envie de continuer.
Au fil du temps, cette boucle devient de plus en plus automatique. Le signal et la récompense s'entremêlent

jusqu'à l'émergence sentiment d'anticipation et de soif.

Prenons maintenant un exemple. Imaginez que vous voulez-vous faire plus d'exercice. Choisissez un repère, comme aller au gymnase dès votre réveil ou le soir à des jours définis, et une récompense, comme un smoothie après chaque séance d'entraînement. Ensuite, pensez à ce smoothie, ou à la poussée d'endorphine que vous ressentirez. Permettez-vous d'anticiper la récompense. En fin de compte, ce besoin rendra votre séance plus facile.
Une nouvelle habitude n'a pas à être ennuyeuse. Intégrez un système de récompense dans votre habitude et prenez le temps de célébrez l'atteinte d'une partie de votre petit objectif du jour. La récompense ne dépend que de vous, mais il est important de célébrer ces grands moments d'accomplissement personnel.

Gardez à l'esprit que vous n'avez pas à casser votre tirelire pour vous récompenser. Regardez un nouveau film, passer une soirée avec la personne que vous appréciez, ou faire quelque chose que vous aimez suffit amplement. Nous tendons souvent à sous-estimer l'importance de se faire plaisir lorsque nous prenons de nouvelles habitudes. Se récompenser régulièrement vous permettra de continuer à vous tenir à votre nouvelle routine.

Vous devez également comprendre que de se donner une récompense à la fin d'une d'une semaine ou d'un mois ne fonctionne pas. La plupart du temps, les gens qui parlent de se récompenser choisissent des récompenses trop grandes et trop peu fréquentes pour faire la différence. Du coup il n'y a pas de récompense direct sur un effort ponctuel effectué.

Non seulement les grandes récompenses, telles que les nouveaux vêtements, un nouveau matériel, des vacances ou des grandes soirées ne sont pas efficaces, mais elles peuvent aussi nuire activement au développement des habitudes, car ces récompenses semblent loin, très loin. Une récompense ne doit pas être un prix que vous avez l'intention de gagner à la fin, c'est un coup de pouce rapide, reçu immédiatement après avoir fait quelque chose, qui vous fait sentir bien de le faire.

Quelles sont donc les caractéristiques de votre récompense

- Elle doit se produire immédiatement après l'action

- Elle doit être réellement lié à l'action

- Elle doit être petite

- Elle doit vous faire plaisir

- Elle doit vous donner envie de continuer vers la réussite d'objectif

5- Si vous n'avancez pas vous le vivrez mal

Dans la certitude d'être dans une motivation constante, il est nécessaire de ressentir un inconfort lorsque l'on avance pas sur ces objectifs. Le but de ce travail est de faire en sorte de ne plus subir cet inconfort, non pas parce que vous vous le laissez de côté, mais parce que vous ne passerez plus ces moments à ne rien faire pour la réalisation de vos objectifs. La conséquence directe est que vous ne vivrez plus cette situation d'inconfort. Et si jamais vous la vivez ce sera pour vous un rappel, un rappel pour vous dire d'enclencher à nouveau le processus de motivation.

Il faut donc garder en tête que le fait de ne pas avancer sur un objectif qui vous tient réellement à cœur, défini préalablement avec la méthode SMART, sera vu comme un échec. Il n'est pas concevable d'être dans l'échec, pas dans ce processus destiné à entretenir une motivation quotidienne et à réaliser des objectifs. En conséquence vous ne pouvez pas ne pas avancer, car vous le vivrez mal. Dans ce processus vous devez donc avancer régulièrement sur votre objectif, mettre en place les actions pour pouvoir atteindre l'objectif. Si il n'y a pas d'action mis en place, ou si vous repoussez les actions, ce sera un échec et vous le vivrez mal. Le terme approprié est la stagnation. La stagnation est un état dans lequel vous ne parvenez pas à vous mettre en contact avec vos sentiments et vos émotions. Ainsi, vous ne ressentez plus de véritable impulsion vous poussant à l'action, à entraîner des changements qui vous enrichissent et à atteindre vos objectifs.

:6- Définir votre propre routine

Étape clé pour définir votre propre système de motivation, c'est l'établissement d'une routine. La routine va en effet vous permettre de continuer même dans les moments où vous ressentirez des baisses de motivations. L'une des routines principales et la routine matinale, et nous allons ensuite en parler de façon plus approfondies. Je parle ici de l'établissement d'une routine générale. Établir une routine quotidienne positive est à la fois un investissement personnel et un moyen de faire de votre mieux. Cela offre également des avantages supplémentaires, tels que la structuration, l'adoption de bonnes habitudes et la création d'une dynamique qui vous transportera les jours où vous vous sentirez comme si vous n'aviez pas la force de vous motiver pour faire les choses. Suivre une routine quotidienne peut vous aider à établir des priorités, à limiter la procrastination, à suivre vos objectifs par un système qui vous permettra d'agir qu'importe la situation.

Comment définir votre propre routine positive?

- Définir vos objectifs

- Analyse de votre situation personnelle

- Analyse de votre situation professionnelle

- Définition de votre emploi du temps

- Mise en place d'une routine matinale

- Mise en place des habitudes quotidiennes

Prenons ainsi un exemple, vous êtes là un matin et sans réel raison vous vous sentez mal.
Vous ressentez à l'intérieur de vous ce mal que l'on ne peut

vraiment contrôler et dont on ne sait parfois même pas la raison. Du coup vous n'avez pas forcément de motivation pour réaliser vos objectifs de la journée parce que vous êtes mal et c'est normal de ressentir cela. Et pourtant ce qui va vous permettre non seulement de réaliser vos objectifs de la journée, mais également probablement de vous sentir un peu mieux, c'est votre routine. Même si vous êtes mal, vous n'avez pas à réfléchir, vous avez juste à agir et faire votre routine, qu'importe la manière dont vous vous sentez.

Dans ces moments là vous avez simplement à vous reposer sur vos bases à vous reposer sur votre structure. Vous n'êtes pas motivé mais qu'importe, vous allez quand même faire vos actions quotidiennes parce que c'est ce que vous devez faire, c'est ce que vous faites tous les jours. Ce sont des habitudes. De plus gardez à l'esprit que ce n'est pas en faisant rien que l'on se sent mieux. Ne rien faire, c'est justement prendre le risque de réfléchir et de se sentir pareil ou plus mal. En revanche quand vous agissez parce que c'est une habitude, vous avez un pouvoir d'action, et vous avez de forte chance de vous sentir mieux.

Chapitre 5

L'importance de l'énergie

1- Pour être motivé il faut être

en forme

Une santé physique et mentale est l'une des clés de la motivation. Dans la motivation je parle ici de motivation pour la réalisation de vos objectifs sur du long terme et de vos objectifs de vie. Bien évidemment, on peut ne pas être en forme, vouloir par exemple perdre du poids, et devoir aller chercher la motivation. Le constat général est que pour optimiseur sa motivation, il faut être dans une bonne santé à la fois mental et physique. Disons que c'est une condition importante pour avoir une motivation renouvelable.

Avoir une alimentation équilibrée, faire de l'exercice régulier, s'abstenir de fumer, éviter le stress et bien dormir en tête de liste de moyens pour garder la forme. Une personne qui est actif, faisant de l'activité physique, aura des bienfaits qui ne seront plus à démontrer.

Imaginez donc que vous avez une mauvaise hygiène de vie. Imaginez que tous les jours vous vous couchez au milieu de la nuit et vous ne dormez que quelques heures. De plus vous ne faites pas attention à votre alimentation et ne faites pas particulièrement de sport. Tous les jours vous vous sentez fatiguez mais tous les jours vous reproduisez le même comportement. Pensez-vous que vous allez être motivé pour réaliser des actions concrètes pour la réalisation d'objectif? Pensez vous que vous allez être productif au travail? La réponse est non, car votre état ne vous permettra pas de ressentir la motivation, votre état ne vous permettra pas de trouver la force nécessaire.

Si à l'inverse vous avez des horaires fixes et régulières pour dormir, que vous dormez bien et que chaque matin vous vous levez tôt après une nuit respectant votre cycle de sommeil. Après votre levé vous mettez en place des petites habitudes qui vous plaisent et qui vous inspirent. Naturellement pour le reste de votre journée vous allez ressentir de la motivation, vous allez avoir des émotions positives pour faire des choses. En effet vous serez en forme, vous aurez les idées claires, et vous vous sentirez bien dans votre peau.

2- Importance du sommeil

Une bonne nuit permet d'abord de se reposer et de recharger ses batteries. Cela permet d'être en forme pour la journée qui arrive. Lorsqu'on dort, la température du corps baisse et la dépense d'énergie diminue, ce qui permet à l'organisme de vivre au ralenti et de récupérer ses forces. Pour cela vous allez donc utiliser un combo de bonnes habitudes consistant à bien dormir et à vous lever tôt. Bien dormir ne signifie pas dormir de nombreuses heures, bien dormir signifie avec un sommeil adapté et un sommeil profond sans interruption durant un certain temps.

Pour bénéficier d'un sommeil réparateur, il est important que son cycle soit respecté.
Encore faut il comprendre comment le cycle du sommeil fonctionne pour être capable de trouver les réponses adaptées à sa situation. Le monde du sommeil est un champ d'étude vaste est passionnant qui permet de mieux comprendre le fonctionnement de notre corps, mais

également de l'impact qu'il a sur notre vie quotidienne.

Comment fonctionne le cycle du sommeil

Une nuit de sommeil ordinaire comporte entre 4 et 6 cycles de sommeil, en fonction que l'on soit un petit ou, au contraire, un gros dormeur. Chaque cycle de sommeil dure environ 90 minutes, et pendant ce temps, nous passons par 5 étapes de sommeil. Les quatre premières étapes constituent notre sommeil lent, et la cinquième étape est celle du sommeil paradoxal.

- Le sommeil lent : A travers ces quatre étapes, nous passons d'un sommeil très léger au Stade 1, au sommeil très profond au Stade 4. Il est très difficile de réveiller une personne qui est en phase 4 de son sommeil. Pendant le sommeil lent, nous avons une faible activité musculaire et normalement, nos yeux ne bougent pas. Mais tous nos muscles conservent tout de même leur capacité à fonctionner.

- Le sommeil paradoxal : Durant cette dernière étape du sommeil, nous avons des mouvements oculaires rapides. C'est pendant cette phase que se produisent la plupart des rêves. Nos yeux ne bougent pas sans arrêt, mais ils font des mouvements de haut en bas. Ces mouvements oculaires peuvent être liés à des visions de rêves, mais pas forcément. Même si nos yeux bougent rapidement, les autres muscles sont comme inerte.

Le calcul du cycle du sommeil

Un cycle de sommeil dure environ 90 minutes, mais les 5

phases qui le composent ne sont pas de durées égales.

- **La première Phase** : c'est la phase d'endormissement, la transition entre l'éveil et le sommeil. Le sommeil est léger, l'activité musculaire ralentit, quelques rares contractions musculaires subsistent. Cette phase représente 5 % du cycle de sommeil total, et dure environ 4 à 5 minutes.

- **La deuxième Phase** : c'est la phase de sommeil confirmé. La respiration et le rythme cardiaque ralentissent, on constate une légère diminution de la température corporelle. Cette phase représente 50 % du cycle de sommeil total, et dure environ 45 minutes.

- **La troisième Phase** : c'est le début du sommeil profond. Le cerveau ralentit et commence à générer des ondes longues et lentes à l'électroencéphalogramme. Cette phase représente 5 % du cycle de sommeil total, et dure environ 4 à 5 minutes.

- **La quatrième Phase** : c'est la phase de sommeil très profond. La respiration est rythmée, régulière et profonde, l'activité musculaire et quasi-nulle, le cerveau produit des ondes lentes. Il est difficile, voire impossible, de réveiller le dormeur durant cette phase qui représente 15 % du cycle de sommeil total, et dure environ 10 à 15 minutes.

- **La Cinquième Phase** : c'est la phase de sommeil paradoxal. Le mouvement oculaire est rapide, les ondes du cerveau s'accélèrent, et les rêves apparaissent. Nos muscles sont relâchés, comme inerte. Seuls les muscles vitaux fonctionnent normalement. La respiration est rapide et superficielle. Cette phase représente 25 % du cycle de sommeil total, et dure environ 20 à 25 minutes.

Le cycle du sommeil chez l'adulte

Chez l'adulte qui ne présente aucune pathologie et aucun trouble particulier du sommeil, le cycle de sommeil se déroule comme vu précédemment : une nuit composée de 4 à 6 cycles de sommeil de 90 à 120 minutes environ. Chaque cycle comportant les 5 phases habituelles : phase d'endormissement, phase de sommeil confirmé, début de sommeil profond, phase de sommeil très profond et phase de sommeil paradoxal.

Lorsque ces phases se déroulent correctement et que les cycles sont complets, on peut alors dire que l'adulte a la chance d'avoir un véritable sommeil réparateur.

Mais parfois, des troubles du sommeil interviennent et ce, pour des raisons très variées : stress, fatigue, dépression, alcool, tabac, médicaments, pathologies, phobies, ronflements, apnées, brutisme, etc. A ce moment-là, les cycles sont perturbés et irréguliers. Certaines phases disparaissent carrément, et le sommeil n'est alors plus du tout récupérateur. Il n'est donc pas forcément utile d'avoir un grand nombre d'heure de sommeil, mais un sommeil qualitatif qui respectent bien l'ensemble des cycles. Bien évidemment il ne faut pas juste dormir trois heures, mais il n'est pas forcément nécessaire de dormir 9h toutes les nuits.

Comment optimiser son sommeil?

Définir une heure de réveil

Il faudra déterminer bien évidemment votre heure de réveil. La plupart d'entre nous ont une heure de réveil déterminée par la société. Dans un matin productif vous allez planifier votre réveil avant ces choses déterminées pour pouvoir respecter votre routine matinale. En respectant la règle des cycles de 1h30, en fonction de l'heure de réveil que vous allez déterminer, vous pourrez ainsi déterminer votre heure de coucher. Par exemple disons que vous devez vous réveiller à 7h. Comptez 7h30 en arrière à partir de 7h et rendez-vous à 23h30. Rajoutez en plus 15 minutes, qui sera le temps moyen pour vous endormir, et vous arrivez à 23h15 pour 5 cycles de de 1h30 de sommeil. Si vous décidez de dormir 4 cycles de 1h30, ce qui sera un minimum à respecter, vous pouvez vous coucher à 0h45. Si vous désirez vous lever à 6h, ce qui vous permettrait d'exercer votre routine matinale, en respectant 4 cycles de sommeil, vous devrez vous coucher à 23h45.

Notez quand vous vous réveillez

Réglez votre alarme pour 6h par exemple et notez l'heure à laquelle vous vous réveillez naturellement. Si vous constatez que vous vous réveillez naturellement à 6h, alors vous n'avez peut-être besoin que de 6h de sommeil. Si vous voyez que vous vous réveillez à 8h, c'est que vous avez besoin de plus de temps. Si vous constatez que vous êtes toujours fatigué lorsque votre réveil sonne, essayez de régler une heure de coucher plus tôt. Ne vous en faites pas:

beaucoup de personnes ont besoin de 5 cycles de sommeil, voir des fois 6.

Avoir plus de lumière du soleil pendant le jour

Trop peu d'expositions à la lumière pendant la journée et trop d'exposition à la lumière dans la soirée risquent de dérégler votre horloge biologique. La lumière signale à votre hypothalamus et à tous les autres organes et glandes d'être vigilants et de se réveiller.
L'exposition à la lumière du soleil active votre corps à produire des niveaux optimaux d'hormones et régule votre horloge biologique. La mélatonine, l'hormone qui crée les conditions optimales de sommeil dans votre corps, est produite pendant la journée et est fortement affectée par l'exposition à la lumière. Fondamentalement, en obtenant plus de lumière du soleil pendant la journée et en limitant l'exposition à la lumière le soir, vous êtes sur le chemin d'une formule de sommeil qui fonctionne vraiment.

Évitez les écrans avant de vous coucher

C'est probablement la première chose que vous pouvez faire pour améliorer votre qualité de sommeil immédiatement. L'exposition aux écrans avant de s'endormir peut déformer votre rythme et être la cause d'une incapacité à s'endormir. Deux heures d'utilisation d'une tablette à une luminosité maximale suffisent à supprimer la production normale de mélatonine.

Réduisez votre exposition aux champs électromagnétiques

Débrancher votre connexion internet wifi durant la nuit. Retirez tous les appareils électriques de votre chambre à coucher. Utilisez un réveil de préférence mécanique. Si vous désirez conserver votre téléphone à vos côtés, mettez-le en mode avion. En plus de perturber la sécrétion de mélatonine, les appareils mobiles augmentent l'exposition aux champs électromagnétiques, ce qui est mauvais pour la santé.

Levez-vous plus tôt

Se lever tôt est une excellente façon d'obtenir un coup de soleil naturel le matin, mais c'est aussi idéal pour bien vous préparer pour la journée. Comme vous l'avez compris, se coucher tôt et s'éveiller tôt synchronise l'horloge du corps avec les rythmes naturels de la Terre, qui est plus réparateur que d'essayer de dormir pendant que le soleil se lève.

Ne pas trop manger le soir

L'un des problèmes les plus négligés avec un sommeil idéal est d'avoir trop de graisse corporelle dans votre corps. Être en surpoids cause un stress sévère à vos organes internes, votre système nerveux et perturbe votre système endocrinien.

Installez le calme

Préparez chaque soir une sorte de rituel, par exemple en vous lavant les dents, en choisissant vos vêtements pour le lendemain, en dressant la table pour le petit déjeuner. Ménagez-vous un temps de détente avant de vous coucher, vous permettant de décompresser. Évitez de regarder des films d'action trop violents, d'écouter des musiques qui excitent, de rester trop longtemps sur l'ordinateur.

Évacuez le trop-plein de pensées

Si vous êtes préoccupé par le lendemain, vous pouvez lister les tâches restant à accomplir pour éviter d'y songer la nuit. Les émotions non exprimées nourrissent les frustrations et le mécontentement. À nouveau présentes le soir au coucher, elles sont souvent la source de troubles de l'endormissement ou des réveils précoces. Si vous constatez, par exemple, que, derrière une colère refoulée, un besoin de reconnaissance non satisfait, vous allez rester en éveil.

Utilisez votre lit uniquement pour dormir

Votre cerveau répond aux signaux, utilisez donc cela à votre avantage. Si vous travaillez ou lisez beaucoup sur votre lit, votre cerveau saura que c'est un endroit où il doit être très concentré. Mais si vous utilisez votre lit uniquement pour dormir, naturellement votre cerveau saura que c'est un lieu de détente et de sommeil.

Utilisez le bruit de fond

Les humains n'ont pas évolué en dormant derrière des fenêtres bien fermées. Depuis des milliers d'années, nous dormons à l'extérieur, le vent dans les oreilles, une rivière qui coule à proximité et des chiens sauvages hurlant au loin. C'est pourquoi nous dormons toujours aussi bien dans les trains, les avions et les salles de classe. Des fois en utilisant un bruit de fond régulier, vous pourriez être surpris de la rapidité avec laquelle vous vous endormez avec le son apaisant des précipitations par exemple dans vos oreilles. Après cela ne s'adapte pas à tous le monde, et le bruit doit être régulié et apaisant. D'autres seront mieux quand il n'y a pas le moindre bruit.

Se lever à la même heure tous les jours y compris les week-ends

Se lever à la même heure tous les jours est vraiment important quand vous mettez pour la première fois en place l'habitude de vous lever tôt. Au début il est peut être difficile de garder le cap. Donc je vous suggère de vous lever à la même heure tous les jours pendant au moins 30 jours. En respectant cela vous allez pouvoir ensuite conserver votre habitude. Si vous êtes motivé et que vous le faites pour changer, malgrè des matins difficiles au début, il n'y a pas de raisons que cela ne fonctionne pas.

3- Se lever tôt

Pour être en forme, il est aussi important de se lever tôt dans un cadre d'une habitude régulière de se coucher à une heure raisonnable, de préférence à la même heure, et ensuite se lever tôt. Cette habitude va notamment vous permettre de partir sur de bonnes bases pour créer d'autres bonnes habitudes. C'est très utile pour commencer à adopter de bonnes habitudes et à se mettre dans une routine matinale. Vous pouvez également grâce à cela développer toutes les ambitions inimaginables. Il y a quatre éléments qui entrent dans la formation d'une habitude constante de se lever tôt. Chacun de ces quatre éléments est destiné à renforcer la capacité du côté rationnel de votre cerveau. C'est dire entre le côté qui contrôle tout à fait la nuit lorsque vous êtes enthousiasmé par tout ce que vous ferez le lendemain matin, au côté somnolent de votre cerveau qui commence au moment où votre alarme se déclenche.

- Obtenir un sommeil suffisant
- Avoir des raisons intéressantes pour se lever tôt
- Construire une réponse automatique au réveil en se levant directement
- Renforcer vos efforts avec des outils et l'aide d'autres personnes

Pourquoi se lever tôt est une très bonne habitude ?

Cela permet d'augmenter votre productivité

C'est simple à comprendre, plus vous vous levez tôt plus vous allez avoir de temps devant vous pour travailler ou réaliser des activités. Et quand on sait qu'il est prouvé que le moment où l'on est le plus productif au travail, c'est durant le matin, il est fortement préférable de travailler plus le matin. De plus en étant très efficace le matin, vous pourrez aborder le reste de votre journée de façon plus sereine.

Cela vous donnera plus de temps pour faire vos habitudes saines

Si vous sortez du lit et que vous vous dirigez droit au travail, vous manquez de temps pour des habitudes matinales vraiment saines telles que la méditation, l'exercice physique ou encore le temps de prendre un bon petit déjeuner. Il est beaucoup plus difficile de se motiver à faire ces choses après une longue journée, alors pourquoi ne pas le faire dès le matin.

Vous aurez plus de temps pour le petit déjeuner

Se lever tôt signifie que vous avez toujours le temps de préparer un petit déjeuner sain, le repas le plus important de la journée. Prendre un petit déjeuner est essentiel à la construction d'habitudes alimentaires saines et réduit les risques de manger aux mauvais moments de la journée.

Vous développerez un rythme de sommeil pour vous coucher plus tôt

Plus tôt vous vous réveillez tôt le matin, plus il est facile de passer une bonne nuit de sommeil. Si vous vous réveillez reposé et motivé, vous aurez plus de chances d'être actif pendant la journée et vous voudrez naturellement vous coucher à une heure raisonnable et prendre un rythme où vous allez trouver votre sommeil idéal.

Vous serez plus optimiste

La façon dont vous passez la première heure après le réveil donne le ton pour le reste de la journée. En vous réveillant plus tôt, vous commencez par réduire le stress en éliminant le fait de se précipiter le matin. Lorsque que l'on se lève tôt le matin, on est plus optimiste pour la journée qui se présente, comme on a un meilleur sentiment d'accomplissement personnel. Le besoin d'accomplissement est le besoin de se réaliser, d'exploiter et de mettre en valeur son potentiel personnel dans tous les domaines de la vie. Ce besoin peut prendre des formes différentes selon les individus, mais une chose est sûr le matin contribue grandement à ce sentiment. Pour certains, ce sera le besoin d'étudier, d'en apprendre toujours plus, de développer ses compétences et ses connaissances personnelles. Pour d'autres ce sera le besoin de créer, d'inventer, de faire. pour d'autres ce sera la création d'une vie intérieur par la méditation par exemple. C'est aussi le sentiment qu'à une personne de faire quelque chose de sa vie et de se donner un sens.

Vous pouvez profiter du calme

Si vous parvenez à vous réveiller plus tôt que tout le monde, vous pourrez profiter du calme du matin. En effet si il y a bien un moment de la journée où vous avez le plus de chance d'être au calme, c'est bien tôt le matin. Si vous vivez dans un endroit avec un voisinage qui peut être bruyant ou si vous êtes en ville, en vous réveillant tôt, vous pourrez profiter d'une matinée plus calme, et donc d'un début de journée plus paisible et plus positif, sans distractions.

Pour avoir une meilleure hygiène de vie

Une routine matinale réussie va grandement améliorer votre hygiène de vie. Une bonne hygiène de vie repose sur le respect de quelques habitudes de vie. L'hygiène de vie permet d'influer sur le bien être, la santé. Un mode de vie sain vous laisse en forme, énergique et présente un risque de maladie limité. Une bonne nutrition, des exercices quotidiens et un sommeil adéquat sont les bases d'une santé durable. Pour une vie plus longue et plus confortable, préparez votre plan pour un mode de vie sain et préparez donc votre routine matinale. Une bonne routine matinale, c'est une routine qui respectent point par point les critères d'une bonne hygiène de vie. Et cette routine matinale va être l'une des bases de votre hygiène de vie, pour rester en bonne santé. L'un ne fonctionne pas sans l'autre, pour une bonne hygiène de vie il faut une bonne routine matinale. Pour une bonne routine matinale il faut mettre en évidence l'hygiène de vie.

Comment modifier votre heure de réveil ?

La meilleure méthode pour changer l'heure de votre réveil est de le faire progressivement. C'est à dire que vous allez par exemple planifier 10-15 minutes plus tôt pendant une semaine par exemple, jusqu'à ce que vous vous sentiez habitué, puis recommencez. Si vous vous levez normalement à 8 heures du matin, ne le changez pas brusquement en 6 heures du matin. Essayez d'abord à 7h45 et ainsi de suite.

Si vous le faites radicalement, vous risquez d'être vraiment fatigué dans l'enchaînement des journées. Si vous vous levez deux heures plus tôt par exemple d'un coup, le premier jour, vous traverserez des moments difficiles durant la journée. Le lendemain, votre déficit de sommeil sera important et il sera encore plus dur. Et vous aurez peut être envie de faire une longue nuit pour compenser, ce n'est donc pas la bonne solution.
Avec les expériences, on se rend compte que les

changements les plus agréables et les plus durables dans les horaires de sommeil ont été lents et progressifs.

Vous avez donc réglé votre alarme 10-15 minutes plus tôt que d'habitude, et peut-être avez-vous traversé les premiers jours, puis 10-10 minutes plus tôt, et vous êtes bientôt 30-45 minutes plus tôt que d'habitude… mais Maintenant, vous avez tendance à tirer la sonnette d'alarme et à rester au lit (parfois réveillé) sans vous lever.

La nuit précédente, pensez à quelque chose qui vous passionne le matin. Cela peut être quelque chose que vous voulez écrire, à votre travail, à une activité matinale, ou quelque chose que vous aimeriez lire, ou un projet professionnel qui vous fera bouger. Le matin, quand vous vous réveillez, souvenez-vous de cette chose excitante, qui vous incitera à vous lever. Avec enthousiasme vous devrez vous lever, et vous lever au premier coup de réveil, c'est à dire tout de suite et bien prendre cette habitude. Mettez votre réveil de votre lit. S'il se trouve juste à côté de vous, vous risquez de cliquer sur le bouton de répétition. Placez-le donc de l'autre côté de la pièce, de sorte que vous devrez vous lever pour le désactiver. Ensuite je vous conseille de prendre une bonne douche et de vous habiller rapidement. Vous pourrez ainsi débuter votre journée.

4- Faire du sport

L'activité sportive régulière est l'une des clés pour se sentir en forme, et donc d'entretenir la motivation. Une nuit de sommeil optimisé, une heure de levé tôt le matin, et la mise en place d'une activité sportive seront les socles de votre forme. Un adulte a en moyenne besoin d'environ deux heures et demie d'activité physique modérée ou intense par semaine. Ce qui équivaut à trente minutes par jour pendant cinq jours. La bonne nouvelle est que vous pouvez sans problème vous organiser en faisant des sessions courtes tout en maintenant les mêmes bénéfices. Il est donc possible de s'organiser pour marcher pendant 15 minutes le matin par exemple, puis le soir avec de la marche également ou encore du renforcement musculaire. Si vous préférez choisir un sport à pratiquer à des heures fixes, réfléchissez à une activité qui vous plaît. Si vous vous inscrivez à la salle de gym alors que vous n'aimez pas vraiment ce type d'exercice, vous aurez du mal à vous motiver le soir après une dure journée. Si, au contraire, vous choisissez quelque chose qui vous passionne, par exemple l'équitation ou le badminton, vous allez trouver le courage d'y aller car vous savez d'avance que vous allez passer un bon moment.

Voyons maintenant les bénéfices de l'activité physique, indépendamment d'avoir de l'énergie pour entretenir la motivation

- La baisse du niveau de stress, par l'activation des endorphines, qui peuvent également améliorer l'humeur

- La baisse de la pression sanguine

- La gestion du poids

- Dormir de façon plus équilibré

- Le maintien du corps dans une forme physique

- Trouver des idées pour résoudre des problèmes

- Avoir une meilleure confiance en soi car on se sent mieux dans son corps

- Donner le bon exemple

- Et bien d'autres...

Comment bien incorporer le sport dans une routine?

- **Définir son objectif:** Il est fondamental de choisir une activité sportive adaptée à son corps et à ses envies. En effet, pratiquer une activité physique sera motivé par les raisons que nous venons de voir, ou il peut également y avoir un objectif précis comme par exemple la perte de poids. Choisir la bonne activité qui répond à sa situation personnelle est important.

- **Définir ses créneaux horaires:** Bloquer des créneaux réguliers pour faire du sport est un des meilleurs moyens de créer une routine efficace. Si vous ne définissez pas de plages horaires précises à l'avance, vous verrez que le sport sera souvent mis en second plan et que vous trouverez toujours une bonne excuse pour ne pas en faire. S'inscrire à une activité à horaires fixes peut être un bon moyen de s'y tenir. Vous pouvez aussi trouver d'autres personnes pour pouvoir vous motiver mutuellement.

- **Choisir son équipement:** Pour que les séances de sport soient réussies, il faut choisir l'équipement adapté. Il faut également s'organiser pour pouvoir pratiquer son activité en toutes conditions. Trop souvent une routine efficace sera brisée par un changement de contexte comme par exemple le mauvais temps ou encore le froid. Imaginez que pendant deux semaines vous décidez de ne plus aller courir parce qu'il pleut tous les jours, ce ne sera pas bon pour votre routine. Avec l'équipement adapté vous pourrez continuer votre habitude en toutes circonstances.

- **Respecter son corps:** Chaque personne est différente et la forme physique est dépendante de nombreux facteurs. Dans le cadre d'une activité physique, il faut éviter de se comparer à d'autres personnes. Par ailleurs, la recherche de la performance ne doit pas conduire à brusquer son corps et le faire souffrir. Il faut donc rester à l'écoute de son corps en toutes circonstances. C'est en respectant votre corps que le sport deviendra une routine agréable.

- **Garder du temps pour la récupération** : Une séance de sport ne s'arrête pas à la fin de l'effort. Il faut prendre le temps de réaliser des étirements afin d'éviter les courbatures. Il est également crucial de s'hydrater abondamment en buvant de l'eau. L'alimentation fait aussi partie de la récupération. Faire du sport c'est bien , mais il est également important de ne pas trop en faire. Si vous en faites trop, vous risquez de vous épuisez et en conséquence de ne pas pouvoir avoir assez d'énergie pour faire vos autres bonnes habitudes.

– **Mesurer ses progrès :** Le meilleur moyen de rester motivé et de se tenir à sa routine est de sentir que l'on progresse. Si certains sports permettent de se rendre compte facilement des progrès accomplis, d'autres ont des évolutions moins perceptibles. N'hésitez donc pas à vous organiser et à analyser régulièrement vos progrès. C'est important pour l'estime de soi et pour votre motivation à continuer votre habitude.

Incorporer le sport dans une routine matinale, un choix judicieux

Inclure du sport dans une routine matinale peut être une excellente idée pour bien démarrer la journée, et surtout mettre tous vos muscles en éveil en vue d'une journée de travail. Après une nuit de sommeil, la température du corps est plus basse qu'à la normale. Les muscles sont encore endormis, et les stocks de glycogènes sont au plus bas. Alors oui, faire du sport le matin avant le petit déjeuner va vous prendre sur vos réserves, mais faire du sport le matin donne paradoxalement de l'énergie pour la journée. Activez vos muscles va vous rendre dynamique pour toute la journée.

Faire du sport le matin c'est tirer à profit du temps qu'il peut nous manquer le reste de la journée pour faire des activités sportives. Imaginez passer plusieurs minutes au lit avant de vous réveiller, à rester sur votre téléphone, l'œil sur Instagram et Facebook pour tenter de se réveiller. Ce sera fini dans la routine productive du matin. A la place je vous propose de prendre un moment directement après vous être levé, pour vous étirer, pour réveiller votre corps, et faire du sport. Et une fois que vous aurez négocié avec vous-même et que vous serez partants pour bouger le matin il va falloir trouver un sport qui vous plaît. En intégrant votre activité sportive le matin, vous n'aurez pas d'excuses de ne pas avoir de temps. En vous levant tôt vous allez dégager du temps pour faire une activité sportive.

Pourquoi il est judicieux d'inclure du sport dans votre routine matinale?

Faire du sport le matin augmente la productivité

Faire du sport le matin permet d'être d'attaque pour la journée à venir. Parmi les bienfaits d'une séance de sport on peut compter la sécrétion d'endorphines, des hormones produites par le cerveau qui permettent, en plus de vous mettre de bonne humeur, de rester concentré plus longtemps. Vous ne regretterez pas un seul moment votre activité physique le reste de votre journée. Faire du sport le matin aura aussi des bénéfices sur votre état de stress. Après une séance sportive, vous serez satisfait du devoir accompli et vous aurez une haute estime de vous-même.

Votre corps est préparé pour faire du sport le matin

S'entraîner le matin a des effets bénéfiques sur votre corps, et ils ne sont pas négligeables. Une séance sportive conditionne une partie du reste de votre journée. Certaines disciplines permettent de booster votre métabolisme de base.

Le matin, vous êtes frais et disponible, tout comme vos muscles. Après une bonne nuit de sommeil, rien ne se dressera entre vous et ces objectifs que vous vous êtes fixés.

Cela permet d'améliorer la qualité du sommeil

L'effort que vous allez faire de vous levez plus tôt pour réaliser votre routine matinale sera rapidement compensé par l'amélioration de la qualité de votre sommeil. Faire du sport le matin donne à votre corps plus de temps pour atteindre une température adéquate à un bon sommeil. Lorsque vous vous endormez, la température de votre corps descend automatiquement et faire du sport le soir rallonge ce processus naturel.

Faire du sport le matin pour profiter au mieux de son petit déjeuner

Nombreuses sont les personnes qui négligent le petit déjeuner parce qu'elles n'ont pas faim le matin. Ce qui est compréhensible, il n'est pas évident de manger directement en sortant du lit. Et pour remédier à ce problème, l'un des meilleurs moyens est de faire une activité physique. Ainsi vous allez, après votre activité, vouloir prendre un petit déjeuner consistant car vous aurez de l'appétit. De plus, il a été prouvé que faire du sport le matin nous rend plus consciencieux de ce qu'on mange tout au long de la journée.

Il n'y a plus d'excuse pour ne pas faire de sport

Une routine sportive matinale évite de manquer de

motivation en fin de journée après plus de 8 heures de travail. On trouve facilement des excuses qui sont le manque de temps, des tâches à faire, de la fatigue. Le matin vous ne serez pas déranger, et vous n'aurez pas d'excuses. La journée finie, vous pouvez maintenant prendre du temps pour vous reposer et vous relaxer en famille ou entre amis.

Cela permet d'être plus rigoureux

La routine qu'impose le sport le matin est un très grand avantage. Se lever très tôt le matin, programmer ses activités matinales et arriver à faire du sport comme on le désire avant de commencer la journée est extrêmement profitable pour vos activités.
Un des éléments les plus importants lorsqu'on effectue des activités diverses ou encore un travail précis, c'est bien la rigueur. S'imposer une certaine routine vous permet de mettre de la discipline dans vos activités.

Cela permet de mieux dormir

Bien que faire le sport le matin vous permet de bien engager votre journée, cela implique une certaine dépense d'énergie. Après une longue journée de travail, le corps est suffisamment fatigué et a besoin de récupérer. Vous dormirez donc mieux en faisant du sport le matin qu'en le faisant le soir.

5- Alimentation et hygiène de vie

Manger sain est une bonne habitude de vie à adopter. Non seulement pour votre santé, mais également pour être plus en forme. En effet avec cette habitude vous allez pouvoir en développer d'autres. Vous devez donc savoir que les aliments que vous mangez peuvent affecter votre santé et votre risque de développer certaines maladies. Pour manger des aliments plus sains, vous devrez peut-être modifier certaines de vos habitudes quotidiennes. Vous devrez peut-être également modifier certaines choses dans votre environnement. Votre environnement comprend tout ce qui vous entoure, comme votre maison ou votre lieu de travail. Ce qui veut dire que l'on peut prendre des mauvaises habitudes simplement à cause de l'environnement. Avoir une vie saine, ce n'est pas que manger bien. Ce n'est pas que faire du sport. Un mode de vie sain se caractérise par un équilibre à tous les points de vue. Cette habitude va donc être un socle important d'une routine qui fonctionne.

Vous n'avez pas besoin de faire de gros changements pour manger plus sainement, c'est bien souvent des petites mauvaises habitudes prises pendant longtemps, et les tentations qui prennent le dessus. Et en se fixant des petites objectifs, vous pourrez arriver à vos fins pour manger mieux. .

Quels sont les bénéfices d'une alimentation saine ?

- Retrouver de la force vitale, de l'énergie. Se sentir mieux.

- Remettre ses intestins d'aplomb grâce à une meilleure digestion.

- Rester en bonne santé. L'alimentation a, par exemple, un lien direct sur les maladies cardiovasculaires et sur le diabète.

- Retrouver son poids de forme et lutter contre l'obésité et le surpoids.

- Restaurer son sommeil.

- Accomplir des tâches physiques et mentales de manière efficace.

- Arrêter les allergies.

- Acquérir une meilleure immunité.

- Développer la concentration.

6- Faire ce que vous aimez

Pour avoir de l'énergie, il est également important de faire ce que l'on aime. D'où l'importance de la passion. La passion pour une activité va vous donner de l'énergie, cette énergie en total adéquation avec la motivation. Imaginez par exemple faire un sport qui ne vous convoient pas. Pensez-vous vraiment que vous aller avoir beaucoup d'énergie, même si vous avez une excellente condition physique naturelle. La réponse est non. Si en revanche vous faîtes un sport qui vous plaît, cela va naturellement jouer sur votre mental, et donc sur votre niveau d'énergie.

Maintenant, à l'échelle plus générale, votre niveau d'énergie peut beaucoup dépendre des activités que vous faites. Faire ce que l'on aime a un impact directe sur notre mentale.

Le but est de créer un cercle vertueux par une accumulation de bonnes habitudes, d'activités qui, additionnées les unes au autres, vont vous donner un niveau d'énergie constant dans votre vie. Bien sûr ce n'est pas le seul facteur puisque que l'on en a vu d'autre précédemment.

Comment faire le plein d'énergie en faisant ce que vous aimez ?

– Écoutez la musique : Je ne vous apprends rien en vous disant que la musique transporte un état d'esprit positif ainsi que de l'énergie. Allez donc courir avec vos meilleurs chansons dans les oreilles, vous passerez un meilleur moment. La musique a une très forte capacité à agir sur nos émotions et notre humeur et vous pouvez en tirez profit.

– Regardez un bon film ou une bonne série. Ici, il sera plus facile de se tromper et de perdre un peu de son temps en regardant des choses sans intérêt. En revanche une série passionnante ou intéressante peut réellement vous apporter de l'énergie régulièrement.

– Regardez des vidéos de motivation sur YouTube. N'hésitez pas à voir des vidéos qui vous inspirent. Des discours sur YouTube de personnes sont une réelle source d'énergie. N'hésitez pas à faire ce travail le soir avant de vous coucher ou le matin en vous levant.

- Faites un bon repas de temps en temps. Comme pour tout le reste, vous n'aimerez pas les même choses que les autres. Faites une petite liste des plats que vous appréciez beaucoup, des restaurants que vous adorez ou de vos livreurs préférés. Le but est de se faire plaisir de temps en temps sans pour autant impacter son hygiène alimentaire.

- Partagez du temps avec des personnes qui sont positives et avec qui vous retrouvez vos valeurs. Passer des moments avec des personnes que l'on apprécie donne de l'énergie. Mais il ne faut pas en abuser pour conserver tout le temps pour soi dans le travail de ses objectifs. Là encore il faut le bon compromis en terme de temps.

- Développez les activité physiques et les activités en extérieur. Le sport mais aussi tout ce qui vous fait bouger, bricolage, jardinage, balade, baignade etc.

- Malgré tout l'intérêt de mettre en place une routine, il faut aussi être capable de sortir de sa zone de confort pour découvrir de l'énergie caché en soi à travers la découverte. Les voyages sont ainsi la meilleure solution pour faire le plein d'énergie et d'émotion dans des endroits que vous ne connaissiez pas. Et sortir de sa zone de confort ne veut pas forcément dire de sortir de sa routine. Vous allez changer des éléments de votre routine, que vous retrouverez après, où vous allez adapter votre routine à un nouvel environnement.

7- Devenez plus personnel

Bien qu'il faut passer du temps avec les personnes positives, et avec les personnes que l'on apprécie, il ne faut pas hésiter à poser des limites, comme il ne faut pas hésiter à dire non. Vous devez ainsi comprendre que si vous êtes le genre de personne qui accorde la priorité aux besoins des autres, qu'il s'agisse d'un amoureux, d'un ami ou d'un patron, vous allez dépenser la majeure de votre énergie pour les autres. Et vous allez être drainé de votre énergie pour faire plaisir au autre. Faire plaisir aux autres, c'est bien ,à condition que ce soit justifié, que ce soit dans les deux sens, et que cela n'impacte pas votre motivation ou votre énergie pour faire le nécessaire dans la réussite de vos objectifs.

Ainsi vous devez passer du temps seul pour pouvoir déterminer qui vous êtes et ne pas être en fonction des autres. Pour que tout le monde puisse vraiment savoir qui vous êtes et ce que vous voulez dans vie, il est très important de créer de l'espace et du temps pour vous. N' hésitez pas à dire plus souvent non si vous êtes dans ce cas-là. Vous avez tendance à ne pas être d'accord avec tout et à ne pas accepter ce que les autres veulent tout le temps. Dire non est ainsi un grand pas en avant vers la découverte de ce qui compte pour vous et de ce qui est important dans votre vie. Vous n'avez pas besoin de vous soucier de ce que les autres pensent de vous simplement parce que vous dites non un peu plus. S'ils vous connaissent et vous acceptent tel que vous êtes, ils comprendront. Dire non est très libérateur, car il exerce votre confiance en vous et vous aide à mettre vos priorités en perspective. Cela va vous permettre de conserver toute l'énergie que vous avez pour la réalisation de vos objectifs.

De la même manière, éloignez-vous des personnes négatives qui vous prennent votre temps sans intérêt. Cela peut aller de la fin d'une relation à une autre parce que vous avez des objectifs différents pour l'avenir, Il s'agit de faire les choses pour vous-même parce que vous voulez, et non pas parce que les autres veulent que vous fassiez des choses pour les rendre heureux. La vie ne consiste pas à plaire aux gens, mais à trouver ce que vous voulez dans la vie, où vous devez être et comment vous allez y arriver. Il est important de pouvoir créer un socle de base seul et ne pas dépendre constamment de relations.

Chapitre 6

Le levier des habitudes la clé pour garder votre motivation

1- En quoi des bonnes habitudes vont vous permettre d'atteindre vos objectifs

Il y a plusieurs raisons pour lesquelles vous devez adopter de nouvelles bonnes habitudes. Sachez que développer des habitudes positives aura un impact considérable sur votre vie, votre réussite, la réalisation de vos objectifs, votre bien être. Les bonnes habitudes vont être votre levier numéro un pour conserver une motivation à toute épreuve.

Les bonnes habitudes vont vous apporter deux point clés pour la motivation:

– Vous allez développer des habitudes qui vous intéressent et qui ont impact positif sur votre vie. Quand on mixe des bonnes habitudes incontournables pour la réussite avec des bonnes habitudes qui nous plaisent, on rentre dans un processus positif qui permet d'être bien mentalement quotidiennement.

– Vous aurez toujours des moments où vous serez moins bien, quelques soit la situation, c'est normal. Et vous aurez moins de motivation durant ces moments. Maintenant grâce aux bonnes habitudes vous allez pouvoir continuer à faire ce que vous avez à faire. Même sans motivation vous le ferez parce que c'est une habitude et vous allez faire votre habitude.

En quoi les petites habitudes amènent de gros résultats dans les objectifs

A partir de là en quoi les petites habitudes peuvent réellement amener de gros résultats pour la réussite de vos objectifs. C'est la une question centrale. Dans un premier temps posez-vous déjà la question si des habitudes qui sont mauvaises peuvent amener de grands résultats. Votre réponse sera probablement non ou probablement quelquefois avec de la chance. Mais vous ne répondrez jamais à cette question par l'affirmation positive. Maintenant posez-vous la même question sur les bonnes habitudes. Et vous avez de fortes chances de répondre par l'affirmation positive. Du moins par oui ou peut-être. Le fait est que si vous adoptez de bonnes petites habitudes, vous allez enlever le facteur chance de votre réussite. Vous allez agir de manière rationnelle et vous allez mettre toutes les chances de votre côté pour avoir vos résultats.

Les habitudes positives, une fois que vous les avez adoptées, elles peuvent rester longtemps. A partir de là vous avez l'opportunité de continuer et de persévérer. Les personnes qui réussissent ont toutes des habitudes qui leurs ont permises d'avoir des résultats. C'est comme un sport, cela se pratique, on ne devient pas sportif de haut niveau sans des habitudes régulières, c'est à dire des entraînements. Ici c'est pareil, on obtient pas de grands résultats sans mettre en place des habitudes. C'est à dire l'apprentissage de l'habitude dans un premier temps, et ensuite un entraînement pour permettre de continuer à entretenir cette habitude.

En d'autres termes, la construction de plusieurs habitudes spécifiques peut avoir un impact plus large sur nos vies. Ce sont des comportements qui amènent les gens à changer de domaine de leur vie. Par exemple, les personnes qui commencent à faire de l'exercice quotidiennement risquent de manger mieux et de moins boire. De même, ceux qui abandonnent une mauvaise habitude peuvent finir par la remplacer par une alternative positive. Donc de petites choses quotidiennes pour des grands résultats.

Des petits succès constant entraînent la réussite d'objectif

Comprenez que pour atteindre des objectifs, il faut passer par les étapes de réussite de plusieurs petites objectifs intermédiaires. Nous avons tous des objectifs, grands ou petits, que nous voulons atteindre dans un certain délai. Certaines personnes veulent être riche, d'autres voyager, d'autres fonder une famille, d'autres créer leur entreprise... Certaines personnes veulent perdre du poids avant l'été. . Certaines personnes veulent écrire un livre dans le mois prochain.

Les petites actions quotidiennes vous aident à atteindre vos objectifs. Les mauvaises habitude nous limitent. La différence entre les habitudes et les objectifs n'est pas sémantique. Chacun nécessite différentes formes d'action. Vous ne devez donc pas dans un premier temps penser à votre objectif final. Pensez uniquement objectif final dans un exercice de visualisation positif, comme objectif de fond, mais vous ne devez pas vous concentrer dessus en tant que tel. Vous devez vous concentrer chaque jours sur vos actions quotidiennes et réussir ces actions chaque jour. Si vous restez focaliser sur votre objectif final, vous allez manquer des étapes importantes pour atteindre le succès, et surtout vous n'allez pas vous concentrer efficacement qu quotidien pour réussir les petites actions. Focalisez vous donc sur les petites habitudes quotidiennes, et donc les petites actions quotidiennes, et ainsi vous verrez que naturellement, la réussite de l'objectif arrivera. Tout simplement car chaque jour vous aurez réussi vos objectifs de la journée.

Prenons maintenant à nouveau l'exemple de l'écriture, et disons que votre objectif est d'écrire un livre. Imaginez maintenant que vous devez écrire 150 pages pour votre livre et que vous commencez à vous concentrez sur cela. Cela va être compliqué, cela va même être décourageant, malgré un processus de motivation, de savoir que vous allez devoir écrire tant de page sur le sujet. Maintenant ne pensez plus écrire les 150 pages. Pensez simplement à vous lever le matin et à vous imposer à écrire 5 pages par jour par exemple. C'est un objectif qui est plus réalisable, que vous pouvez faire sur votre journée. Maintenant imaginez tous les jours répéter cette petite action avec motivation.Cette action jamais vous allez passer à côté car ce sera une habitude à faire. Vous allez arrivez au bout d'un mois à la fin de votre livre. Vous aurez réussi votre objectif final car vous vous serez concentrer uniquement sur une petite action de réussite chaque jour.

Prenons un deuxième exemple, imaginez d'apprendre une

langue et de parler couramment dans six mois. Vous allez pouvoir décider de soi être capable de parler couramment dans 6 mois soi de consacrer 30 minutes tous les jours pour la pratique.

Si vous vous concentrez sur le fait de parler la langue au bout de 6 mois, vous allez brûler des étapes, vous allez commencer à apprendre dans tous les sens et vous voudrez avoir des résultats tout de suite, ce qui est une erreur. Maintenant focalisez vous sur le fait d'apprendre aujourd'hui quelques mots plus un point de grammaire. De reprendre ce procédé le jour suivant et ainsi de suite, vous allez voir que vous allez être beaucoup plus efficace et que le résultat final risque d'être impressionnant. Vous allez y arriver, c'est certain. En travaillant un peu tous les jours sans jamais manquer une journée, vous y arriverez.

2- Supprimer les mauvaises habitudes

Identifier les mauvaises habitudes et les raisons du changement

La première étape du processus de changement vers de bonnes petites habitudes consiste à identifier les mauvaises habitudes. Les mauvaises habitudes sont parfois difficiles à reconnaître, c'est pour cela qu'il est important de se concentrer et de prendre le temps de réfléchir sur ses comportements. Pour donc reconnaître ses mauvaises habitudes, on peut se poser les questions suivantes :

– Suis-je fier de ce que ce fait ?

- Est-ce que tel ou tel comportement répond aux normes de ma société ?

- Suis-je satisfait des résultats que j'obtiens dans ma vie ?

- Cette habitude me permet elle d'atteindre des objectifs ?

- Est-ce que ma conscience me reproche quelque chose après tel ou tel comportement ?

Les comportements deviennent des habitudes à force de les répéter au quotidien. Parfois, ils sont tellement familiers qu'ils sont difficiles à reconnaître. Se poser les questions précédentes vous aidera également à les reconnaître.

Ensuite vous allez pouvoir réfléchir à vos raisons du changement. Il faudra ainsi se préparer mentalement au changement. Pour ne pas que ce soit radical, il faut déjà se projeter dans la réalisation d'actions utiles pour le changement. Car maintenant vous savez ce que vous désirez. Vous voulez changer, vous voulez une vie plus saine, vous voulez être plus efficace, vous voulez avoir une profonde estime de votre personne, et vous voulez avoir de gros résultats. Il est évident que si vous ne savez pas ce que vous voulez, le fait de passer à l'action vous sera d'autant plus difficile. C'est pour cela qu'il faut faire un travail de préparation.

Identifier les déclencheurs

Il sera ensuite important d'identifier les déclencheurs de ces mauvaises habitudes. Si l'on veut comprendre pourquoi une mauvaise habitude apparaît, il faut aller chercher à la source, c'est à dire la cause, et donc l'élément déclencheur. Le fait de noter vos déclencheurs vous aidera à en prendre conscience. Mais bien sûr, cela ne suffira pas pour les éliminer. Mais vous aurez au moins réussi à cibler les causes. Et c'est la base du changement.

Identifier la cause sous-jacente. Toutes les habitudes ont une fonction. L'habitude de se brosser les dents tous les matins empêche les visites chez le dentiste. L'habitude de vérifier votre courrier électronique dès le début de votre travail vous aide à organiser votre journée. Les mauvaises habitudes ne sont pas différentes. Ils ont aussi une fonction. Manger sans réfléchir peut être un moyen de vous réconforter lorsque vous vous sentez déprimé. Naviguer sur Internet pendant des heures peut être un moyen d'éviter d'interagir avec votre partenaire ou vos enfants. Fumer (en plus de créer une dépendance) peut être un moyen de prendre le temps de faire une pause et de réfléchir. Boire trop peut être le seul moyen de savoir être social. Si vous voulez rompre avec cette habitude, vous devez vous attaquer à la fonction que la mauvaise habitude sert.
Regardez donc vos mauvaises habitudes. Pour chacune d'elles, identifiez ce qui la déclenche. Pour cela, aidez vous de la technique du Q.Q.O.Q. c'est-à-dire du Qui, Quoi Où, Quand.

- Quelles sont les émotions qui ont tendance à provoquer vos pires habitudes ?

- Ressentez vous du stress, de la fatigue, de la colère, de l'énervement, ou encore de l'ennui ?

- Quand ressentez-vous ces émotions ?

- Avec qui êtes-vous ?

- Où êtes-vous ou que faites-vous ?

- A quel moment vous vous sentez obligé de faire cette habitude ?

- Combien de fois le faites-vous chaque jour?

- Où êtes-vous lorsque que cette mauvaise habitude se produit?

- Avec qui êtes-vous ?

Certaines mauvaises habitudes telles que fumer ou trop grignoter peuvent être causées par le stress par exemple. Si vous avez l'habitude de grignoter chez vous, c'est peut-être parce que vous vous ennuyé par exemple. Dans ces cas le facteur sera l'ennui et il sera possible de combattre la mauvaise habitude directement à la source et en allant chercher des occupations. Si par exemple vous avez la mauvaise habitude de consulter les réseaux sociaux et les mails beaucoup trop souvent. Vous savez que c'est une mauvaise habitude car elle est machinale, vous n'y prenez d'ailleurs aucun réel plaisir et vous n'êtes pas réellement productif puisque vous ne répondez finalement à aucun mail ou vous n'échangez avec personne sur les réseaux. Vous avez identifié que cela arrivait lorsque vous vous ennuyez également ou que vous vouliez éviter une tâche à faire que vous redoutiez. Elle intervient parfois au travail également quand vous ne parvenez pas à trouver une solution mais surtout chez vous le soir. Là encore vous identifier le déclencheur de votre mauvaise habitude et vous comprenez pourquoi elle se produit.

Vos devez également à l'opposer jeter un œil sur vos récompenses. Ce qui veut dire que si vous réalisez une mauvaise habitude, c'est que vous avez une récompense. Qu'il s'agisse d'une récompense physique, d'une récompense émotionnelle ou d'une autre récompense mentale vous devez voir ce que cela vous apporte. Si vous fumez, les conséquences physiques du tabagisme peuvent être les conséquences physiques, à savoir une réduction du stress, une sensation de relaxation, etc... Aller sur les réseaux sociaux par exemple va être de vous occuper, de passer le temps et de voir ce que font les autres.
Si votre mauvaise habitude est de manger trop souvent, la récompense peut être le goût général de la nourriture ou le fait qu'elle libère des neurotransmetteurs spécifiques dans l'esprit qui vous font simplement vous sentir bien. Nous devons donc aussi aller comprendre la récompense si nous voulons rompre avec la mauvaise habitude, car nous allons essayer de conserver ces récompenses mais de les remplacer par un comportement différent.

Écrire les mauvaises habitudes

Ensuite, ce que vous devez faire par rapport aux points précédents, c'est d'écrire tout ce que vous avez à écrire à propos de vos mauvaises habitudes sur papier. L'écriture a un but thérapeutique et va vous permettre d'être parfaitement clair sur l'identification des mauvaises habitudes. Lorsque vous écrivez, vous aurez l'impression d'avoir fixer votre pensée. Si vous ne faites que penser mais que vous n'écrivez pas, non seulement vous risquez d'oublier des éléments de votre réflexion, mais vous risquez également de ne pas assez vous impliquer. Pour cela sortez donc une feuille de papier ou lancez un document de traitement de texte sur votre ordinateur, votre tablette, votre smartphone ou ailleurs, et commencez à écrire. Ciblez, et détaillez ensuite votre mauvaise habitude. Décrivez cette mauvaise habitude spécifiquement avec des termes fort. Le poids des mots influe sur l'impact mental. Et vous allez faire ce travail là pour chaque mauvaise habitudes. Vous pensez avoir ciblé près de 15 mauvaises habitudes? Dans ce cas là vous allez rédiger sur 15 feuilles de papier différentes.

Et maintenant imaginez que toutes ces mauvaises habitudes vous les classez également par ordre de la plus gênante dans votre vie ou dans la réalisation de vos objectifs à la moins gênante. Vous allez ainsi pourvoir commencer à changer en partant des mauvaises habitudes les plus gênantes. Imaginez également que vous avez votre dossier dans un endroit que vous fréquentez régulièrement, c'est à dire à côté de votre ordinateur que vous utilisez tous les jours ou encore proche de votre lit. Vous saurez ainsi ce que vous avez à faire.

– L'intitulé de la mauvaise habitude

– Depuis combien de temps vous avez cette mauvaise habitude

- Quand la mauvaise habitude a commencé

- Pensez vous qu'il y a eu un élément déclencheur

- Comment est perçue cette habitude par votre entourage

- En quoi cela affecte votre vie négativement

- Qu'est-ce que vous pouvez mettre en place pour changer cette habitude

Se focaliser sur une habitude en même temps

Pour changer vos habitudes, vous devez vous focaliser sur une seule habitude en même temps. En effet si vous tentez de résoudre toutes les habitudes en même temps, vous allez échouer et vous n'arriverez finalement à rien. Car vous aurez de petits résultats sur chaque habitudes, mais vous n'aurez pas de résultats importants. Le but est donc de prendre une habitude que vous avez noté, et de vous concentrer dessus pendant un mois.

Après si en deux semaines vous avez réussi à supprimer votre habitude et que vous sentez que vous allez continuer dans ce sens, rien ne vous empêche de basculer sur une autre mauvaise habitude avant la fin du mois. Pour cela votre ressenti est important pour définir si vous pouvez commencer à travailler sur une autre habitude.

Des études ont montré qu'il était possible de changer de mauvaise habitude en l'espace de trois semaines, soit en 21 jours. Dans la réalité c'est un peu plus compliqué. Chaque habitude peut avoir un impact plus ou moins fort, et chaque mauvaise habitude peut être plus ou moins difficile à combattre. C'est donc pour cette raison que je vous conseille de partir sur un mois, soit 30 jours, et que si en revanche vous avez réussi avant, vous pouvez changer avant la fin de ce terme.

Vous devez également comprendre que fondamentalement votre volonté a une quantité d'énergie limitée chaque jour. Quand la volonté est surexploité, il devient difficile de contrôler les impulsions. D'une certaine manière, la volonté est comme un muscle. Il peut être fatigué et trop usé. Si vos journées sont remplies de stress et de luttes incessantes pour contrôler vos émotions ou votre façon de penser, vous n'avez souvent pas la capacité de résister aux tentations. Pour résumé vous ne pouvez pas mettre en place trop d'énergie en même temps pour combattre plusieurs mauvaises habitudes sans quoi vous risquez de ne pas avoir de bons résultats. Vous ne réussirez pas si vous essayez de changer plusieurs habitudes en même temps. Chacune nécessite une volonté importante pour lutter, ce qui vous laisse dans un état de concentration et de demande d'énergie. La plupart des gens n'ont pas l'énergie de la volonté nécessaire pour se concentrer sur de multiples habitudes. Donc, quand ils sont dans un état d'épuisement, il abandonne tout. En travaillant sur une seule habitude, on ne risque pas d'abandonner.

Ensuite, en parallèle de cela, il est intéressant de trouver un remplaçant à cette mauvaise habitude. Nous allons voir ensuite comment développer une bonne habitude. Le but sera donc de supprimer une mauvaise habitude et de créer une nouvelle bonne habitude en même temps. Au fur et à mesure que vous supprimerez votre mauvaise habitude, vous développerez votre bonne habitude dans le même temps. Vous devez en effet avoir un plan à l'avance pour savoir comment vous allez réagir face au stress ou à l'ennui qui vous incite à prendre la mauvaise habitude. Et à la place vous allez mettre en place une bonne habitude. Quoi que ce soit et ce que vous avez à faire, vous devez avoir un plan pour ce que vous ferez au lieu de votre mauvaise habitude.

Mettre en place un 30 jours challenge

Une fois que vous aurez réalisé tous les éléments précédents, vous allez pouvoir commencer à changer vos mauvaises habitudes. Pour cela il va falloir vous lancer des challenges sur 30 jours pour supprimer une mauvaise habitude. Sélectionnez donc une des mauvaises habitudes que vous avez écrit sur papier, et ensuite commencez le challenge. Votre objectif pour le mois à venir sera de vous concentrer sur l'élimination d'une habitude. C'est pourquoi vous devez vous engager totalement.

Le principe est simple: ne pas succomber à votre mauvaise habitude pendant un mois. Si vous succombez, considérez que le challenge est terminé et recommencez à zéro. Ceci n'est pas totalement vrai car vous devez y aller progressivement sur certaines habitudes.
En revanche vous ne devez jamais revenir à l'étape précédente. Ne permettez aucune entrave à cette règle si vous voulez vraiment réussir. Un seul manquement à une règle peut vous sembler négligeable, mais il n'en est rien.

  – Ne vous lancez pas dans plusieurs challenges à la

fois : faire disparaître une habitude est extrêmement difficile. Comme nous l'avons vu, si vous tentez d'en faire disparaître plusieurs à la fois, vous foncez droit dans le mur.

— Assurez-vous de ne pas perdre de vue votre objectif. Rappelez-vous chaque jour les raisons qui motivent votre effort et ne ratez pas votre challenge par simple négligence. N'hésitez pas à noter votre objectif sur papier et à le mettre dans un endroit bien visible.

— Ne vous lancez pas sur un coup de tête, prenez quelques jours pour réfléchir à votre engagement et faire des recherches sur ses implications. Il faut également y aller étape par étape, ce qui veut dire par exemple que vous n'allez pas arrêter de consulter les réseaux sociaux du jour au lendemain. Commencez par vous fixer une plage horaire par jour, puis une durée limitée et diminuez avec le temps. Et au bout de deux semaines par exemple, vous n'allez plus que consacrer par exemple 15 minutes sur les réseaux sociaux. En parallèle, pour installer une bonne habitude, c'est le même principe. Vous voulez commencer à méditer, vous n'allez pas méditer 30 minutes par jours. Vous ne faites pas de sport, vous n'allez pas commencer par 2h de sport dans la journée. Cela serait trop éprouvant. Vous allez donc y aller progressivement.

Cette méthode fonctionne pour une raison très simple qui est qu'en fixant une limite de 30 jours, elle n'impose aucun engagement sur le long terme. Plutôt que de vous concentrer sur l'arrêt définitif de ces habitudes que vous détestez en forçant votre cerveau à s'imaginer qu'il ne devra plus jamais s'en satisfaire, vous lui faites croire qu'il n'est qu'en trêve, qu'il sera de nouveau sevré si il le désire une fois le mois terminé. En effet, vous ne vous êtes engagé que sur 30 jours, rien ne vous oblige à continuer par la suite si vous n'êtes pas satisfait. Et ce qui est vraiment positif, c'est qu'il arrive bien souvent que la question de reprendre ne se pose plus au bout des 30 jours. En un mois, votre corps a eu le temps d'accepter l'idée et ne ressent plus de besoin qui pouvait le troubler un mois auparavant.

De plus, la méthode des 30 jours pour venir à bout de vos mauvaises habitudes est aussi un moyen parfait d'innover, de tester de nouvelles idées, d'ajouter de,bonnes habitudes à
à votre quotidien. Faites le tour de tout ce que vous avez toujours voulu essayer sans ne jamais avoir osé vous y lancer en pensant que cela n'avait aucun sens à long terme. Vous allez pouvoir développer des habitudes sportives, de nouveaux talents, tester de nouveaux régimes alimentaires par simple curiosité en utilisant cette méthode.

Les deux premières semaines sont généralement les plus compliquées. Votre corps met tout en œuvre pour résister à ce que vous cherchez à lui imposer et vous pousser à retourner à vos habitudes. Selon ce dont vous cherchez à vous débarrasser, vous pourrez être fatigué, troublé, énervé. Mais vous êtes le maître à bord, il ne tient qu'à vous de ne pas céder. Mettez toutes les chances de votre coté en écrivant un plan d'action de quelques lignes. Rapidement, au bout d'une vingtaine de jours, l'habitude commencera à s'ancrer en vous et ne demandera plus le même effort. Les premiers jours commenceront à vous sembler très loin et votre corps ne fera plus barrière de la même manière. Vous serez alors en mesure de décider de continuer au delà de vos 30 jours ou de revenir en arrière si les résultats de votre essai ne sont pas satisfaisant.

3- Créer de nouvelles habitudes

Créer une équipe qui vous poussera vers le haut

Une fois que vous avez compris l'importance de la motivation et des habitudes il est important de bien vous entourer. Bien c'est vous assurer que votre environnement est le plus propice possible pour que vous continuiez votre nouvelle habitude. A commencer par l'entourage, c'est à dire des personnes avec qui vous pouvez partager le quotidien. Il est donc préférable d'être avec des gens qui prennent l'habitude que vous voulez faire. Lorsque vous êtes entouré de personnes qui incarnent les mêmes traits que vous espérez avoir un jour, cela accélère le processus d'apprentissage. Vous allez essayer de vous élever à leur niveau et vous forcez à vous discipliner pour y arriver rapidement. A l'inverse, si vous êtes entouré de personnes négatives, paresseuses, en colère et déprimantes, ces mêmes traits vont vous tirer vers le bas. Joindre ses forces avec d'autres personnes est un puissant outil de réussite. Vous n'avez pas besoin d'abandonner vos anciens amis, mais ne sous-estimez pas le pouvoir d'en trouver de nouveaux pour vous tirer vers le haut.

S'il y a des gens autour de vous qui ne prennent pas l'habitude que vous voulez, parlez-leur de ce que vous essayez de faire et demandez-leur de de ne pas aller à l'encontre de votre nouveau processus. Par exemple si vous voulez arrêter de grignoter entre les repas par exemple, vous allez faire en sorte de demander aux personnes de ne pas vous proposer à manger, où à grignoter quelque chose durant le milieu d'après-midi par exemple. Si vous arrêtez de fumer, vous allez faire en sorte de ne pas fréquenter des personnes qui vont vous proposer de fumer, mais plutôt des personnes qui sont en train d'arrêter. Si vous avez pour objectif de bien dormir et de vous coucher à des heures raisonnables, n'allez pas fréquenter des personnes qui vont vous demander tous les soirs de sortir, où alors expliquez leurs que vous voulez changer et qu'il ne faut pas vous demander.

Ignorer les personnes négatives

A partir de là et de ce que nous avons vu, le but va donc être d'ignorer les personnes négatives. Là encore si vous avez de très bons amis de longues dates ou encore de la famille, et que ces personnes sont négatives, je ne vais pas vous dire de les ignorer. Mais ce que je veux vous dire, c'est d'ignorer les personnes au quotidien qui ne vous apportent pas de valeur ajoutée. Et au niveau de la famille et de vos amis, c'est de changer votre comportement. Si ces personnes proches vous apportent de la négativité, il est temps de remettre les pendules à l'heure pour ajuster le problème. Cela va passer par des conversations profondes par exemple, ou alors par vous détacher car vous voyez qu'il n'y a pas de possibilités d'améliorations.

On qualifiera toutes ces relations de relations néfastes. Les relations néfastes, c'est toutes ces relations qui vont vous empêcher de vous épanouir personnellement, au travail par exemple mais également dans votre vie quotidienne. Identifier donc ces problèmes. Dans votre vie quotidienne, vous manquez de temps ou vous n'avez pas de temps pour vous car justement certaines personnes se permettent de prendre de votre temps sans vous apporter de réelles bénéfices. Et parce que vous ne vous êtes pas forgé un caractère, parce que vous ne vous êtes pas discipliné pour avoir les bons réflexes comme être capable de dire non, c'est devenu une mauvaise habitude qui nuit réellement à votre bien être. Pour instaurer vos nouvelles habitudes, il faudra dire non, il faudra vous détacher de ces relations néfastes, peut-être même toxique.

Au cours de votre travail, c'est le même processus, vous pouvez subir des relations néfastes. Je dirais même que c'est tout à fait commun. Certaines personnes n'ont pas forcément l'esprit sain, ou simplement ne sont pas en mesure de se rendre compte de leurs attitudes. Le point positif est que l'on peut changer les choses. Le point négatif est que ce n'est pas toujours facile de le faire.

Choisissez un environnement propice

On n'en parle peut être pas assez, mais l'environnement est extrêmement important pour changer et instaurer des bonnes habitudes. Les relations sociales font partie de l'environnement. Ici nous allons ajouter à cela l'importance de votre cadre de vie notamment dans la création de nouvelles habitudes. Utiliser donc votre environnement pour changer de comportement et adopter de nouvelles habitudes.

Bien que les gens aiment penser avoir le contrôle de ce qu'ils font, près de la moitié du comportement humain a lieu au même endroit presque tous les jours et ce comportement est influencé par l'environnement. La plupart des gens ne pensent pas que la raison pour laquelle ils mangent du fast-food au déjeuner ou au snack du distributeur automatique en fin de journée est que ces actions sont influencées par leur routine quotidienne, la vue et l'odeur de la nourriture ou de l'endroit où ils se trouvent. Ils passent tous les jours devant cet endroit à quelques mètres pour se rendre au travail. Ils pensent qu'ils le font parce qu'ils ont tous le temps envie de manger au fast-food. Les alcooliques et les toxicomanes ont longtemps été conseillés d'éviter les choses qui déclenchent leurs envies, telles que fréquenter les bars par exemple.

En effet des recherches indiquent que les signaux environnementaux contrôlent également une bonne partie du comportement des personnes en bonne santé. Des études montrent que les personnes répètent des actions bien exécutées, qu'elles aient ou non l'intention de le faire. Ces études constatent que les personnes qui ont l'habitude d'acheter des fast-foods dans un endroit donné ont tendance à continuer à le faire, même si leurs intentions changent et qu'elles ne souhaitent plus le faire. C'est à dire qu'elles veulent changer cette habitude pour instaurer une nourriture plus saine, mais elles éprouvent des difficultés car elles passent tous les jours juste devant cet endroit, localisé juste à côté du travail.

Dans une autre étude par exemple, on a montré que des étudiants transférés dans une nouvelle université étaient en mesure de rompre avec leur habitude de regarder la télévision si la télévision se trouvait dans un lieu différent de leur nouvelle école. Les élèves qui ont trouvé la télévision au même endroit ont moins bien réussi à rompre avec cette habitude. Et lorsque l'on y réfléchit bien, cela paraît logique. Imaginez avoir une mauvaise habitude chez vous et imaginez déménager. Il sera plus facile de créer votre nouvelle habitude. Imaginez par exemple avoir une mauvaise alimentation à un endroit situé à côté de votre travail, et imaginez changer de travail, vous avez de forte chances de pouvoir changer d'habitudes.

En conséquence, lorsque vous devez mettre fin aux mauvaises habitudes ou d'en développer de nouvelles, vous devez également prêter attention à l'environnement. Les emplacements physiques, c'est à dire les lieux, sont parmi les indices les plus puissants du comportement. Une personne qui souhaite arrêter de manger au fast-food par exemple peut faire le choix de changer son itinéraire par exemple.

Se récompenser régulièrement

Ensuite, il existe une récompense qui aide votre cerveau à déterminer si la boucle mérite d'être rappelée pour l'avenir. Vous avez entamer votre nouvelle habitude, vous avez crée votre propre signal, mais il faut le petit plus au bout qui donne envie de continuer.
Au fil du temps, cette boucle devient de plus en plus automatique. Le signal et la récompense s'entremêlent jusqu'à l'émergence sentiment d'anticipation et de soif.

Prenons maintenant un exemple. Imaginez que vous voulez-vous faire plus d'exercice. Choisissez un repère, comme aller au gymnase dès votre réveil ou le soir à des jours définis, et une récompense, comme un smoothie après chaque séance d'entraînement. Ensuite, pensez à ce smoothie, ou à la poussée d'endorphine que vous ressentirez. Permettez-vous d'anticiper la récompense. En fin de compte, ce besoin rendra votre séance plus facile. Une nouvelle habitude n'a pas à être ennuyeuse. Intégrez un système de récompense dans votre habitude et prenez le temps de célébrez l'atteinte d'une partie de votre petit objectif du jour. La récompense ne dépend que de vous, mais il est important de célébrer ces grands moments d'accomplissement personnel.

Gardez à l'esprit que vous n'avez pas à casser votre tirelire pour vous récompenser. Regardez un nouveau film, passer une soirée avec la personne que vous appréciez, ou faire quelque chose que vous aimez suffit amplement. Nous tendons souvent à sous-estimer l'importance de se faire plaisir lorsque nous prenons de nouvelles habitudes. Se récompenser régulièrement vous permettra de continuer à vous tenir à votre nouvelle routine.

Vous devez également comprendre que de se donner une récompense à la fin d'une d'une semaine ou d'un mois ne fonctionne pas. La plupart du temps, les gens qui parlent de se récompenser choisissent des récompenses trop grandes et trop peu fréquentes pour faire la différence. Du coup il n'y a pas de récompense direct sur un effort ponctuel effectué.
Non seulement les grandes récompenses, telles que les

nouveaux vêtements, un nouveau matériel, des vacances ou des grandes soirées ne sont pas efficaces, mais elles peuvent aussi nuire activement au développement des habitudes, car ces récompenses semblent loin, très loin. Une récompense ne doit pas être un prix que vous avez l'intention de gagner à la fin, c'est un coup de pouce rapide, reçu immédiatement après avoir fait quelque chose, qui vous fait sentir bien de le faire.

Si vous souhaitez développer un programme d'exercices, un programme d'écriture ou tout autre programme que vous souhaitez intégrer à votre vie, vous devez réellement l'apprécier. Vous ne durerez jamais longtemps en faisant des choses que vous détestez.

C'est pour cela que dans la liste de bonnes habitudes que je vais vous donner ensuite, il ne faut sélectionner que celles qui vous intéressent. Et vous pouvez également en trouver d'autres, à partir du moment où elles sont saines et qu'elles ont un impact positif sur votre vie et votre réussite.

- La récompense doit se produire immédiatement après l'action

- La récompense doit être réellement lié à l'action

- La récompense doit être petite

- La récompense doit vous faire plaisir

- La récompense doit vous donner envie de continuer l'habitude

Conserver une petite habitude dans la durée

Une fois que vous aurez commencer à intégrer une nouvelle bonne habitude, il faudra être capable de maintenir cette habitude pour ne pas tomber à nouveaux dans des comportements négatifs. Il faut donc régulièrement être conscient des étapes précédentes. Restez vigilant pendant les moments de tentation. Si vous vous retrouvez dans une situation où il vous serait facile de replonger dans votre vieille habitude, il est important de se maîtriser et de résister. Et si vous savez en avance que cela va se produire, préparez un plan spécifique pour être sûr de ne pas avoir de problème. Ces efforts conscients peuvent vous aider à supprimer vos habitudes inconscientes que vous feriez sinon sans même y penser.

Créer un combo des bonnes habitudes

Nous allons maintenant voir le combo des bonnes habitudes. Ce procédé consiste à développer rapidement plusieurs bonnes habitudes car elles vont être en relation les unes par rapport aux autres et surtout, une fois que vous aurez développé une bonne habitude, vous pourrez très facilement en développer une autre en relation direct. En résumé ce sont des groupes d'habitudes qui fonctionnent bien ensemble. Elles peuvent être totalement complémentaires et vous allez du coup pouvoir travailler rapidement sur plusieurs habitudes.

- Par exemple, admettons que vous décidez de mettre en place de l'écriture. Vous avez envie d'écrire, vous avez envie de consacrer une heure par jour pour écrire un livre par exemple. Vous pourrez en même temps lire des livres, des articles. Il est utile de lire des livres si vous voulez écrire. Si vous lisez beaucoup, vous aurez plus de faculté à écrire.

- Si par exemple vous avez une bonne hygiène de vie en terme d'alimentation, vous aurez plus tendance a développer votre faculté à faire de l'activité sportive. Inversement si vous voulez vous mettre au sport régulièrement, vous allez également chercher à vous discipliner rapidement pour avoir une meilleure alimentation. Vous allez peut-être également vouloir bien dormir et vous coucher à des heures raisonnables et vous lever tôt.

- Autre exemple, vous voulez démarrer à méditer 15 minutes par jours par exemple. Il est prouvé que le mode de méditation peut aller en relation avec un style de vie minimaliste. Vous êtes capable de bien vivre avec peu, et vous êtes capable de méditer pour avoir une analyse sur la vie.

C'est donc cela les combos, c'est toutes les bonnes habitudes que vous allez pouvoir rattacher les unes avec les autres. Si vous développer plein d'habitudes qui sont totalement différentes, vous allez mettre plus de temps à les instaurer car elles n'auront pas de relation direct. Vous pouvez cependant tout à fait créer des bonnes habitudes différentes, mais c'est simplement pour vous montrer que la relation entre les bonnes habitudes entraîne une relation en chaîne, et permet un apprentissage plus rapide. Maintenant à vous de définir vos propres combos par une analyse logique des habitudes complémentaires.

4- La routine matinale

Le matin est l'un des éléments clés de la journée pour bâtir sa motivation. En effet ce moment de la journée va vous permettre à la fois d'avoir des habitudes pour vous mettre dans les meilleurs dispositions possibles pour être efficace le reste de la journée, mais c'est aussi le moment de la journée où l'on est naturellement le plus productif. Comme on le dit si bien l'avenir appartient à ceux qui se lève tôt. Bien évidemment il faut garder en tête que le sommeil est important, il n'est donc pas utile de se lever à 4 heures du matin si c'est pour être fatigué toute la journée. Il faut donc trouver en fonction de son rythme l'horaire adapté pour pouvoir se lever tôt en conservant un sommeil de qualité. Le matin peut changer votre vie, le matin peut changer tout le reste de votre journée. En vous levant le matin et en suivant une routine pour commencer votre journée, en organisant les tâches les plus difficiles pour le début de la journée, en prenant des habitudes qui vont vous donner de l'énergie, vous organisez votre journée pour suivre le rythme naturel de votre corps. Cela augmente votre motivation et votre productivité. Si souvent avec des horaires de travail chargées, il est difficile de trouver du temps pour soi, en structurant votre matinée de manière à inclure des moments dédiées uniquement à vous-même, vous augmenterez votre motivation et serez plus fort tout au long de votre journée. Certaines des choses que vous pouvez faire avec ce temps sont la méditation, la lecture, le sport, le divertissement.

Pour prendre de bonnes habitudes, cela commence donc par la création d'une routine matinale. La routine matinale vous donnera de l'énergie pour le reste de votre journée, et vous aidera à vous motiver même dans les moments plus difficiles. Il est important de mettre l'accent sur le fait que votre matinée donne le ton pour le reste de la journée. C'est une bonne nouvelle, car vous pouvez contrôler vos matinées. Vous pouvez les utiliser pour atteindre vos objectifs. Et un mauvais départ de la journée peut vous faire perdre le reste de votre journée, à la fois physiquement et mentalement. Cela signifie que vous commencez votre journée de manière volontaire, au lieu de vous réveiller uniquement parce que vous devez être quelque part. Si vous vous levez volontairement parce que vous avez envie de réaliser vos objectifs c'est important, à l'inverse de se lever par obligation.

Pourquoi les matins sont-ils si intéressants?

- **Paix et calme** : Si vous avez une famille, se lever avant tout le monde vous donnera la paix et la tranquillité dont vous avez besoin. C'est aussi le meilleur moment pour avoir du temps au calme pour soi. Se lever tôt est un excellent moyen de faire en sorte que ce moment se produise. De nombreuses personnes qui réussissent consacrent seules les premières heures de la journée à réfléchir, méditer et grandir.

- **Le bonheur** : Les personnes du matin sont généralement plus heureuses que les personnes du soir. Une étude a montré que les personnes du matin risquaient moins de souffrir de dépression que celles qui préféraient travailler le soir. De plus lorsque l'on se réveille tous les jours à des heures tardives, on se pose de sérieuses questions, souvent négatives à son sujet.

- Atteindre ses objectifs : Les personnes du matin sont plus susceptibles de se fixer et d'atteindre des objectifs. Se réveiller plus tôt vous permet de planifier la journée, ce qui signifie que vous pouvez planifier vos progrès pour atteindre tous vos objectifs. En vous levant tôt, vous vous garantissez de dégager du temps pour la réalisation des objectifs.

- Vous serez moins pressé par le temps : C'est simple. Si vous vous réveillez plus tôt, vous êtes mieux préparé et vous avez plus de temps pour faire ce que vous devez faire. Vous ne serez pas pressé comme vous le feriez si vous vous réveillez juste à temps à chaque fois. Si vous avez l'habitude de dormir trop longtemps, vous perdez à chaque fois des heures précieuses.

- Les batteries sont rechargées : Le matin, on sort de notre sommeil, or le sommeil se veut réparateur et régénérateur. Après une nuit de sommeil, notre esprit, comme notre corps, est rétabli et frais pour démarrer une nouvelle journée. Les premières heures de la journée sont celles où nos capacités sont les meilleures.

- L'avenir appartient à ceux qui se lèvent tôt : Comme le proverbe le dit, la réussite va à ceux qui se lèvent tôt. Observez un peu les personnes qui accomplissent beaucoup et côtoient la réussite, vous verrez que, sauf quelques rares exceptions, ces personnes sont matinales. Elle ont une force de caractère et elles ont développées leur autodiscipline sur la création d'une routine matinale. Et la première étape est de se lever tôt. Le matin est un moment privilégié qu'il faut apprendre à apprécier. Si l'on est autodiscipliné le matin, il y a de forte chance de l'être dans les autres aspects de la vie dans la journée. L'avenir appartient à ceux qui se lèvent tôt.

- La tranquillité du devoir accompli : Une matinée productive est une journée productive. J'entends par là que si l'on accomplit ce que l'on doit faire et que l'on avance sur nos divers projets et travaux le matin, le reste de la journée peut être abordé en toute sérénité. Je peux vous assurer que vous voudrez continuer à forger cette autodiscipline le reste de la journée.

- Routine matinale : La routine matinale est importante à partir du moment où elle est seine. Si votre routine matinale vous rend malheureux, il est clair que ce n'est pas une routine seine. Lorsque votre routine matinale améliore votre vie, ce n'est que du bénéfice d'être capable de la conserver. Cela a de nombreux bienfaits, et pas uniquement pour l'autodiscipline. Imaginez que chaque jour de votre vie, vous gagnez 1 à 2 h en début de journée. Ce moment pourrait vous servir pour méditer, travailler sur vos objectifs, faire du sport, lire, faire preuve de gratitude. Bien entendu, à vous de moduler tout cela. Quoi qu'il en soit, une routine, et matinale qui plus est, vous aidera et vous apportera beaucoup dans votre vie et dans votre développement personnel.

Pour commencer il est important de vous prévenir : mettre en place une routine matinale pourrait se révéler plus dur que prévu. Ne baissez pas les bras si, les premiers jours, vous avez du mal à vous lever pour suivre votre programme. Il vous faudra un certain temps pour adapter vos nouvelles habitudes. Mais c'est seulement en persévérant que vous pourrez voir les incroyables bénéfices de votre nouvelle routine matinale.

Le fonctionnement en trois étape

Première étape : Organisation

Vous devez définir clairement ce que vous voulez et détailler un plan pour sa réalisation. Si, à l'heure actuelle, vous vous réveillez le matin avec à peine le temps de vous préparer pour ne pas être en retard au travail, vous devrez procéder à des ajustements. Mais, tout d'abord, vous devez préciser ce que vous voulez. Posez vous les bonnes questions. Comment voulez-vous que votre routine matinale vous donne le pouvoir. Voulez-vous plus de temps, plus d'énergie, plus de bonheur ou autre chose? Lorsque vous décidez de ce que vous voulez de votre matinée, vous pouvez alors prendre les mesures nécessaires pour définir une routine qui vous aidera à atteindre cet objectif.

L'important maintenant est de décrire certaines étapes de ce que vous voulez accomplir le matin. Si vous voulez plus d'énergie, vous devez modifier votre routine du soir en vous couchant plus tôt, en ne mangeant pas de gros repas avant de vous coucher etc...

Si vous avez dit vouloir plus de temps, vous devez vous entraîner à vous lever une heure ou deux plus tôt.

Maintenant, cela ne se fera pas du jour au lendemain. Créer un changement comme celui-ci demandera un effort constant. Rappelez-vous que les rituels du matin sont habituels. Et, pour changer, casser ou créer de nouvelles habitudes, nous devons exercer des efforts constants et répétés sur de longues périodes.

– Déterminez ce que vous voulez sortir de votre routine matinale: plus de temps, d'énergie, de bonheur, etc.

– Détaillez un plan pour vous réveiller au moins une ou deux heures plus tôt en apportant des modifications à vos rituels du soir.

– Ensuite, écrivez un plan de ce que vous voulez faire avec ce temps supplémentaire: c'est-à-dire courir, lire un livre, définir des objectifs, écouter de la musique, etc...

Deuxième étape : Engagement

Étant donné que les habitudes ne se forment pas du jour au lendemain et que les habitudes sont acheminées dans des routines, vous ne pouvez pas vous attendre à créer une nouvelle routine en quelques jours. Vous pouvez instaurer la routine en une semaine, mais pour être sûr qu'elle soit appliquée, il faudra généralement plus de temps. Mais dans l'ensemble, vous aurez besoin d'un sens d'engagement envers votre plan. Vous ne pouvez pas simplement abandonner après une ou deux semaines. Votre investissement ou encore votre audodiscipline seront le coeur de votre réussite de changement.

Par exemple, si vous prévoyez de vous lever une heure plus tôt pour pouvoir faire de l'exercice pendant au moins 30 minutes, sachez que cela peut vous prendre quelques semaines avant que cette habitude ne se stabilise comme une routine matinale.

Une excellente façon de rester engagé dans vos routines du

matin est de trouver des raisons suffisamment fortes pour lesquelles vous devez faire quelque chose. Cela fonctionne toujours dans l'établissement d'objectifs, et établir une routine matinale n'est pas différent que d'essayer d'atteindre un autre objectif.

Troisième étape : Persévérance

La persévérance est définie comme la poursuite d'un objectif ou d'un but même sous la contrainte de grandes difficultés.. Vous pouvez rester persévérant dans votre objectif de mettre en place une routine matinale stimulante de plusieurs manières.
Premièrement, étant donné que les habitudes sont si difficiles à former, si vous revenez à votre ancienne façon de dormir ou ne faites pas d'exercice le matin, effectuez de petits micro-changements. Vous pouvez travailler votre objectif principal en apportant de petits changements au quotidien. Vous pouvez simplement vous rendre à la salle de sport et revenir le matin quelques jours de suite. Enfilez vos vêtements de sport et partez en voiture, garez-vous sur le parking, puis revenez en voiture.

Cela fonctionne quel que soit l'objectif que vous poursuivez. Que ce soit pour mettre en place une routine matinale stimulante ou autre chose, vous pouvez effectuer des micro-changements pour vous aider à vous rapprocher de votre objectif au quotidien. N'oubliez pas que vos habitudes ont pris des années, voire des décennies dans certains cas, à se consolider. Ne vous attendez pas à ce que les choses se passent pour vous du jour au lendemain.

Comment changer ses habitudes point par point pour

être plus matinal?

- Faites un changement graduel : Comme toute autre chose, si vous démarrez cela en force en vous levant cinq heures plus tôt que d'habitude, vous échouerez. Ne vous préparez pas à l'échec. Commencez par vous réveiller 15 minutes plus tôt que la normale. Puis réveillez-vous 15 minutes plus tôt tous les deux ou trois jours. Lentement adopter cette nouvelle habitude. Cela permet à votre corps de vous habituer au changement par étape.

- Trouvez votre récompense : Pensez à quelque chose que vous souhaiteriez vraiment avoir. Cela pourrait être une tasse de café ou de thé. Cela pourrait être un petit déjeuner copieux. Ce pourrait même être une promenade matinale. Trouvez quelque chose qui vous motive tous les matins. Le mieux est simplement de penser à ses objectifs pour avancer efficacement. Et comprendre que pour avancer efficacement, il faut se lever tôt.

- Déplacez votre réveil et restez debout : Une fois que vous êtes sorti du lit, vous avez moins de chances de vous rendormir. Déplacez votre réveil sur une étagère de la pièce. C'est un excellent moyen de vous assurer de sortir du lit Une fois que vous êtes debout, restez debout. Et réveillez-vous avec une sonnerie agréable, c'est toujours plus plaisant.

- Utilisez la lumière naturelle : Vous préférez probablement vous réveiller avant que la lumière du soleil n'arrive dans votre pièce. Ce n'est pas forcément une bonne solution de dormir dans le noir complet. La lumière naturelle aide le corps à se sentir naturellement éveillé.

- Comprendre les cycles de sommeil : Un cycle de sommeil dure environ 90 minutes. Prévoyez donc un nombre d'heures multiple de 90. Pour la plupart des adultes, 6, 7,5, ou 9 heures est un objectif à atteindre. Si vous vous réveillez juste avant votre alarme, allez-y et levez-vous, votre cycle de sommeil est terminé. Vous pouvez toujours essayer le réveil du cycle de sommeil.

- Changer votre état d'esprit: Si vous craignez les matins, changez votre état d'esprit. Commencez à vous attendre à vivre le matin, et à toute la productivité qu'ils apportent. Il est possible de changer de mode de penser progressivement. Une fois adopté vous en serez fier.

Chapitre 7

Le levier
de
l'autodiscipline

pour ne pas flancher

1- Qu'est ce que l'autodiscipline

L'autodiscipline, c'est la capacité de contrôler ses impulsions, ses émotions, ses désirs et son comportement. C'est pouvoir refuser des plaisir immédiat et la joie immédiate au profit de la satisfaction et de l'épanouissement sur du long terme pour la réalisation d'objectifs plus ambitieux. Réaliser l'autodiscipline, c'est pouvoir prendre les décisions personnelles qui s'imposent et qui vont nous permettre de réaliser des objectifs importants.

Par rapport à la motivation, vous ne vous sentez pas capable aujourd'hui de faire cette tâche, cette tâche qui, répétée chaque jour, vous permettra d'atteindre au mieux votre objectif. Vous ne vous sentez pas d'attaque pour telle ou telle raison, mais vous allez quand le faire. Vous allez réussir grâce à autodiscipline, cette force personnelle qui va vous obliger à faire ce que vous avez faire car c'est plus important que l'envie de ne rien faire ou d'aller traîner quelque part.

Contrairement à ce que l'on peut croire, être discipliné ne signifie pas forcément avoir un style de vie restrictif et limité. C'est à dire que ce n'est pas renoncer à des plaisirs personnels, ce n'est pas renoncer à la détente. Cela signifie surtout apprendre à se concentrer sur des objectifs importants et à persévérer jusqu'à ce qu'ils soient accomplis. Cela implique également de cultiver un état d'esprit selon lequel vous êtes dirigé par vos choix délibérés plutôt que par les émotions. En effet ce sont les émotions qui dictent bien souvent les mauvaises habitudes. En utilisant l'autodiscipline vous pouvez vous engager dans une vie plus saine, plus ordonnée, et donc vous sentir bien.

L'autodiscipline peut apparaître sous différentes formes, comme par exemple la persévérance, la retenue, l'endurance ou encore la volonté. Commencez à faire et être capable de mener à bien ses décisions et ses projets, malgré les inconvénients, les difficultés ou les obstacles. L'autodiscipline signifie également avoir une grande maîtrise de soi, pour justement éviter toutes les mauvaises habitudes, les choses malsaines qui ne nous sont pas positives sur du long terme.

C'est également être capable de travailler plus efficacement. En effet grâce à l'autodiscipline vous pouvez forger une logique de travail sans faille qui vous permettra de travailler efficacement, en vous levant tôt , en évitant les distractions, en améliorant votre concentration.

Le terme autodiscipline provoque souvent chez les personnes un certain inconfort et une certaine résistance, pour certain cette notion à une connotation négative. Souvent cela représente une chose désagréable, difficile à atteindre et qui nécessite beaucoup d'efforts et de sacrifices. Alors qu'en réalité cela peut être fait de manière totalement différente et ensuite prendre un réel plaisir à être discipliné par le sentiment d'accomplissement.

2- Le pouvoir de l'autodiscipline

Améliorer votre productivité

C'est la clé pour atteindre ses objectifs et mener une vie saine et heureuse. Les recherches ont montré que les personnes très disciplinées sont plus heureuses que celles qui ne le sont pas. L'autodiscipline est un comportement appris et peut être acquis avec une pratique régulière et répétée dans la vie de tous les jours. Et l'autodiscipline est directement liée à la productivité. Plus une personne est auto-disciplinée, plus elle sera productive et vice versa. L'autodiscipline a le pouvoir d'agir sur les idées et donne la capacité s'agir efficacement pour réaliser ses idées à travers des actions concrètes. La productivité repose sur l'autodiscipline. En effet chaque fois que vous avez quelque chose de prévu au travail et que vous n'avez pas envie de le faire, le fait d'être discipliné vous permet quand même de réaliser cette tâche et de ne pas remettre à demain. C'est une force mentale qui permet d'être productif. Prenons le problème à l'envers, pensez-vous qu'il est possible d'être productif sans discipline. Pensez-vous qu'il est possible d'être productif en se levant tard, en remettant les tâches au lendemain, en laissant de côté tous les détails... La réponse est non. L'autodiscipline va plus loin dans la productivité que celle du travail. Elle s'applique également à que ce que vous faites chaque jour. Elle est nécessaire pour les tâches que vous allez effectuer quotidiennement. Elle vous permet de créer une liste de tâches à faire tous les jours et vous avez besoin de cette discipline pour les réaliser efficacement.

Donc en résumé, si vous souhaitez améliorer votre productivité, améliorez votre autodiscipline.

L'autodiscipline est au cœur de toutes les vies productives. Sans cela, vous ne serez jamais productif.

Atteindre vos objectifs

L'autodiscipline est une passerelle vers la réalisation de vos objectifs. Il faut impérativement de l'autodiscipline pour réaliser ses objectifs.

Les objectifs sont très important dans la vie. Comme je l'ai expliqué, nous avons besoin des objectifs pour pouvoir avancer dans la vie et nous donner un sens. Nous avons besoin de déterminer nos buts pour savoir où nous devons nous diriger exactement. Imaginez une vie sans but, sans direction, il serait compliqué de vivre au risque de se perdre. L'autodiscipline au travers des objectifs, c'est également se donner la possibilité de se motiver tous les matins et d'avoir une raison de vivre. Sans objectifs et sans autodiscipline, on se laisse aller dans un état de vie appauvrit qui ne nous permet pas d'être heureux. Dans notre vie quotidienne, si nous n'avons pas d'objectifs bien identifiés, nous risquons de passer notre vie à courir après de fausses illusions, sans jamais obtenir de résultats significatifs. Sans jamais être satisfaits de notre existence. Je pense que objectif et autodiscipline sont indissociables. Il faut obligatoirement des objectifs pour pouvoir instaurer une autodiscipline. Sans objectifs, difficile de se donner des raisons d'être discipliné, tout comme la difficulté d'être motivé sans objectif. Et lorsque vous êtes discipliné vous pourrez au mieux atteindre vos objectifs, ce sera l'un des facteurs clés vers cette réussite. Se lever tôt tous les matins pour réfléchir à ses objectifs, à les organiser, à se mettre dans les meilleurs conditions pour agir. Si vous construisez à temps pour réussir votre existence, votre raison d'être et votre but, votre cerveau sera entraîné à l'autodiscipline. Pensez à ce que vous voulez réaliser dans la vie, quel est votre but et comment vous allez atteindre ces objectifs.

Être capable de se surpasser régulièrement

Être capable de se surpasser régulièrement, c'est possible grâce à l'autodiscipline. Pour pouvoir avoir des sensations fortes ou simplement des choses qui nous boostent au quotidien, il faut être capable de se surpasser. Là encore comment pouvoir se surpasser sans volonté, sans force mentale, sans règle que l'on peut se fixer. Pour que la vie dans laquelle nous avançons soit unique, elle doit être riche d'expériences, de relations, d'émotions, et surtout de challenge. Les challenges, ce sont des objectifs qui nous tiennent encore plus à cœur car on peut rentrer dans une bataille avec nous-même. Et si il faut se surpasser pour réussir ses challenges, vous aurez un profond sentiment de satisfaction personnelle. Se surpasser, c'est être capable de sortir de sa zone de confort, sortir de ce qu'on fait habituellement pour tenter des nouvelles choses, des choses différentes, des choses potentiellement meilleures pour nous et notre entourage, des choses plus difficiles. Pour vous surpasser il faudra donc faire appel à une force intérieure, cette force intérieure qui permet de vous d'aller chercher ce que vous ne pensiez pas pouvoir atteindre. Et cette force intérieur se cultive par autodiscipline. Sans autodiscipline vous ne pourrez pas cultiver cette force intérieure, et vous ne pourrez pas surmonter vos objectifs.

Améliorer sa résistance

L'autodiscipline, c'est être capable d'améliorer sa résistance, physique et mentale. C'est d'être également capable de résister aux tentations. A partir de là trois notions liées à l'autodiscipline dans la résistance. Nous allons voir à travers chaque notion les bienfaits de l'autodiscipline.

La résistance physique, c'est ce qui permet d'optimiser la force physique et de se sentir bien dans son corps. Pour cela l'autodiscipline est de rigueur pour pouvoir développer sa résistance physique. Pensez ainsi aux sportifs de haut niveau qui sont capables de développer une résistance physique impressionnante. Ils sont capable de le faire grâce à l'autodiscipline, c'est à dire grâce à de l'entraînement, ainsi qu'à de nombreuses techniques au quotidien utilisées pour pouvoir obtenir cette résistance physique. La résistance physique passe par la volonté d'une hygiène de vie, de respect de son corps, d'aller faire une activité régulière et d'être capable de s'en tenir.

La résistance mentale représente la faculté à développer une force intérieure pour permettre de dépasser toutes les situations, agir avec détermination. Cette force mentale se développe par l'autodiscipline. Probablement vous avez ressenti de nombreuses fois des moments où vous n'aviez pas la force d'agir par manque de détermination, et ce parce que vous n'aviez pas la résistance ou la force mentale. Vous vous sentez impuissant dans certaines situations où vous avez l'impression de ne pas gérer des situations sociales car vous n'avez pas cette résistance mentale. L'autodiscipline offre cette faculté d'adaptation par un mental à tout épreuve qui vous permettra de combattre toutes les situations.

La résistance aux tentations est également importante. Lorsqu'on voit l'ampleur des problèmes de surconsommation dans les sociétés développés, on peut bien évidemment tout de suite parler de résistance aux tentations. Nous sommes bien évidemment au quotidien tenté par tous ce que l'on peut trouver dans la société de consommation. Pour ces tentations, utiliser l'autodiscipline va vous permettre de résister à ces tentations en abordant une approche de réflexion et non de plaisir immédiat. Cela peut également permettre de repenser votre consommation, d'avoir un type d'approche différente, et donc de vivre mieux avec moins par exemple, ou d'être heureux sans avoir besoin de succomber à des tentations.

Augmenter la confiance en soi

Un déficit de confiance en soi peut transformer certaines actions à mener en épreuves terribles de dépenses d'énergie comme par exemple parler de soi en entretien d'embauche, convaincre un partenaire potentiel, prendre son téléphone et appeler un étranger, construire ou interagir avec son réseau etc… Et il n'y a pas d'échelle universelle des actions difficiles à mener. Le manque de confiance traduit un sentiment d'inconfort. L'autodiscipline va améliorer votre confiance. En effet en adoptant une attitude quotidienne bénéfique vous allez beaucoup plus vous respecter. Vous respecter en tant que personne et vous apprécier pour justement ce que vous êtes capable de mettre en place régulièrement. Dans cette état d'esprit là vous serez fier de vous, fier de ce que vous accomplissez. Il n'y a rien de mieux que d'être fier de soi, et fier de ce que l'on est capable d'accomplir pour gagner en confiance. Vous aurez une toute autre image de vous, et naturellement cette image va se répercuter sur le niveau de votre confiance.

Obtenir une meilleure hygiène de vie

L'autodiscipline a beaucoup à voir avec votre santé. Cela vous permet de rester en bonne santé. Il y a un faux concept d'autodiscipline dans l'esprit de la plupart des gens. Ils l'associent à la privation, à la dureté et à l'abandon des plaisirs. Si vous le pensez aussi, vous devez changer ce concept dans votre esprit. L'autodiscipline peut vous aider à protéger votre santé de plusieurs façons. Si elle est absente, il y a un manque de maîtrise de soi, un manque de capacité à fixer des limites et une incapacité à contrôler des habitudes néfastes. Cependant, lorsqu'elle est présente, elle protège votre santé et vous aide à éviter de faire des choses qui pourraient justement nuire à votre santé.

Maîtriser ses émotions

L'autodiscipline vous permet de mieux contrôler les émotions, comme par exemple la colère. La colère n'est pas bonne pour la santé. Elle affecte négativement l'esprit et le corps, augmente la pression artérielle et crée du stress. Vous devez vous retenir de ne pas vous mettre en colère, ne pas être entraîné dans des disputes inutiles, et d'éviter d'élever la voix sans réelles raisons. Pour pouvoir le faire, vous avez besoin de discipline personnel. Il est possible également d'éviter d'agir impulsivement et sans réfléchir. L'impulsivité signifie le manque de contrôle et le fait d'agir sans réfléchir. Si vous n'avez aucun contrôle sur vos actions et les mots que vous dites, vous pourriez vous mettre dans des situations inconfortables. Un peu de discipline permettra de réduire l'impulsivité, d'ajouter du bon sens et d'éviter le stress et les risques inutiles.

Réévaluer son seuil de confort

Lorsque l'on prend conscience de l'environnement qui nous entoure et de l'éventuel mal-être qui en résulte par le matériel on est souvent pris d'une envie immédiate de changement, d'avoir des espaces plus libres et moins encombrés.

Le seuil de confort c'est les limites que vous vous posez pour éprouver du plaisir au quotidien dans votre environnement. Cela signifie d'obtenir une satisfaction directement proportionnelle à l'ampleur du confort. L'autodiscipline va donc vous permettre de redéfinir votre seuil de confort pour être par exemple capable de vivre bien sans extravagance. Concrètement vous pouvez tous à fait apprécier de partir en vacance et de dormir dans une petite chambre de 5m2. Vous pouvez tout à fait apprécier de vivre dans un studio sans extravagance, pour la simple et bonne raison que vous avez redéfinit votre seuil de confort, et que ensuite cela ne vous pose aucun problème parce que vous utilisez l'autodiscipline. Car dans votre tête ce ne sera pas un problème, vous serez conscient de ce à quoi vous en tenir, et conscient que le bonheur peut se trouver dans la simplicité, et vous n'irez pas chercher plus grand et plus confortable.

Ne plus dépendre des autres

Vous êtes vous-même la seule personne sur laquelle vous pouvez et devriez compter. Vous pouvez vous dire que vous avez des amis qui sont là pour vous soutenir et que vous avez une famille qui est là pour vous aider lorsque vous avez besoin d'aide, mais pour le reste il est important de ne pas dépendre des autres.

Combien de personne comptent sur les autres pour pouvoir rester disciplinées.C'est souvent la cas de nombreuses personnes qui sont capables d'être disciplinées parce qu'elles sont avec quelqu'un ou parce qu'elles sont entourées. Le problème est qu'il n'est pas d'agir dans ce sens car on dépend des autres et on ne compte pas sur nous-même. Et si du jour au lendemain on se retrouve totalement livré à nous-même on est incapable d'être discipliné et c'est souvent dans ces cas que l'on subit les tentations. C'est pour cela qu'il est très important de développer sa discipline personnellement. Cette autodisciplîne vous permettra de vous maîtriser seul et de gérer tous vos problèmes personnellement. Vous serez apte à surmonter les difficultés car vous aurez décuplé une force intérieure.

De plus, n'oubliez pas que les êtres humains ne sont pas fiables et que nous pouvons êtres des créatures égocentriques. Dans notre monde, nous en sommes le centre. Tout ce que nous connaissons et expérimentons impliquent notre existence. Nous sommes centrées sur nous et cela nous placent toujours devant les autres. Nous devons donc nous construire par nous-mêmes, se discipliner personnellement pour rester sains d'esprit

3- Comment mettre en place son autodiscipline

Créer une routine matinale

Je ne vais pas reprendre en détail ce que j'ai dit précédemment à propos de la routine matinale. Vous devez comprendre que le concept de base de toute routine, même matinale, est qu'elle finit par s'automatiser. Le cerveau, pour ne pas avoir à réfléchir chaque fois qu'il est stimulé, va reconnaître les actions répétitives et les classer comme des habitudes, ces dernières nécessitant ainsi moins d'énergie car elles seront automatiques. Créer une routine matinale est donc un processus formidable pour créer la base de votre journée. C'est grâce à cette routine que vous allez pouvoir partir dans les meilleures dispositions possibles réaliser votre journée.

Gérer les tentations

Nous sommes dans une société de distractions, nous sommes dans une société de tentations, et nous sommes dans une société d'addiction. A partir de là, comment pouvons nous nous centrer sur des valeurs qui vont permettre de se libérer des tentations. Il va bien évidemment encore une fois être capable dans un premier temps de cibler les mauvaises habitudes. Toutes ces choses que vous jugez mal et que vous n'arrivez pas à contourner. Il va donc falloir être discipliné. Et travailler sur soi-même.

Comment gérer les tentations ?

- Identifier dans un premier temps toutes les tentations que vous avez régulièrement, en ciblant celle que vous ne pouvez contrôler et qui ont un impact négatif sur votre vie. Vous devriez rapidement les repérer. Pour cela vous allez ressentir un sentiment de culpabilité. Si vous ressentez ce sentiment, c'est que cela a un impact négatif. Notez là ensuite sur papier. Vous pouvez par exemple vous sentir coupable de devoir sans cesse acheter des vêtements ou des chaussures alors que vous n'en avez pas besoin, vous le savez mais à chaque fois vous succomber. Cela a un impact négatif car vous dépensez de l'argent pour rien, vous passer du temps dans les magasins, et surtout vous ne pouvez pas vous balader dans des rues librement car vous êtes tenté. Cela peut être que vous ne pouvez pas vous empêcher de manger votre paquet de bonbon par jour. Résultat cela a un impact négatif sur votre santé, vous vous sentez ensuite souvent mal dans la digestion, et vous n'éprouvez même plus de réels plaisir.

— Analyser ces tentations, expliquez en quoi elles ont un impact négatif, en quoi vous êtes fatigué par cela. Pour cela je vous conseille fortement de l'écrire sur papier. L'écriture a un but thérapeutique et vous permettre de cibler et d'avoir conscience par écrit.

— Mettez vous dans l'idée que vous pouvez le faire. Il faut réellement avoir cette croyance que vous en êtes tout à fait capable. Visualisez vous dans la réussite pour mettre en œuvre l'ensemble des moyens pour vous débarrasser des tentations.

— Demandez-vous si là maintenant, à partir de demain, en adoptant une force de volonté, vous vous sentiriez capable de ne plus subir du tout cette tentation.

— Si ce n'est pas le cas, allez y progressivement, et commencez par réduire en vous créant un plan d'action sur une semaine ou deux semaines. Ou même sur un mois si vraiment vous avez besoin.

— Vous devez être capable d'arriver au point où vous n'allez plus subir la tentation, où vous aurez réussi à la surmonter, cependant vous n'aurez pas terminer car il faudra continuer de travailler dans ce sens.

- La dernière étape, l'une des plus importantes, est de conserver le cap que vous avez franchi en conservant cette autodiscipline. Vous avez vu comment procéder, vous avez vu le chemin parcouru, à vous de rester discipliné pour conserver une attitude qui ne sera que bénéfique pour vous. Pour cela je peux également vous conseiller d'éviter le contexte de la tentation pour vous aider. Bien évidemment dans certains cas ce n'est pas possible. Si en revanche cela l'est vous pouvez éviter le contexte. Enfin n'ayez pas trop confiance en vous. La confiance est très importante, mais il ne faut pas en avoir en excès, vous risqueriez de perdre votre garde.

Ne plus être paresseux

La paresse est une mauvaise habitude à changer. Peut être vous avez conditionné cette habitude. Et vous réservez beaucoup trop de temps dans cette paresse. Chaque minute passée devant le canapé à regarder la télévision, à regarder des films, à jouer à des jeux vidéo, à être paresseux, à ne rien faire, à surfer sur le net, sur les réseaux sociaux pendant des heures, il va falloir que cela change. Faire cela de temps en temps pour se détendre, oui. Faire cela tous les jours durant longtemps, non. Plus vous conditionnez cette paresse plus elle va devenir forte. Et plus il deviendra difficile de quitter cette zone de confort et de rompre cette habitude de paresse.

Comprenez également que travailler dur, c'est aussi une

habitude. Vous pouvez conditionner cela. Comprenez également que faire des activités enrichissantes, c'est une habitude, et une habitude positive.

Comment ne plus être paresseux ?

- Se coucher tôt pour se réveiller tôt : Je ne le répéterais jamais assez, mais être capable d'être discipliné dans ses nuits de sommeil, de se lever tôt et ainsi de se mettre dans les meilleurs conditions est primordiale pour votre réussite. Le sommeil et notre énergie jouent énormément sur notre état de paresse ou non. Vous aurez plus tendance à être paresseux lorsque vous vous levez tard et que vous aurez déjà perdu une partie de votre journée. Pour être motivé, il ne faut pas négliger cette base quotidienne.

- Être organisé : L'aspect le plus important de surmonter la paresse est d'être organisé. Tant de fois nous voulons faire quelque chose de productif mais le désordre et le désordre fait que cela semblent beaucoup plus compliqué que prévu. Imaginez que vous êtes motivé pour rénover quelque chose ou pour fabriquer quelque chose. Manque de chance rien n'est rangé, tous est désordonné dans vos outils, vous ne savez plus où aller chercher, et peut être même que certaines outils ne fonctionneront pas. En résumé vous allez vite perdre votre motivation. Une organisation bien réalisé, un espace de travail agréable, propre et organisé invite plus facilement à être productifs. Un espace de travail encombré et saccagé nous invite à rester sur le canapé.

- Trouver ce qui vous motive : Avoir une source de motivation face à une tâche ou un objectif c'est vous permettre donner un sens à agir. C'est trouver pourquoi on fait cela. Quel est la satisfaction que vous allez avoir à faire cela. Bien évidemment cette satisfaction peut être simplement un résultat sur du long terme. Cela vous permet déjà de vous motiver pour éviter la paresse. Souvent le manque de motivation est la source principale de la paresse. Et si la motivation est en baisse, la paresse aura forcément tendance à augmenter. C'est pour cela que vous devez comprendre en chaque objectif pourquoi cela est important pour vous.

- Garder un carnet de travail :Avoir un carnet de travail sur vous et un agenda est fortement conseillé. Une des raisons est que les idées nous viennent souvent quand nous conduisons, marchons, quand nous sommes assis dans un train ou d'autres endroits. On peut ainsi avoir des très bonnes idées, on peut également avoir ses objectifs clarifiés. Mais si on ne peut rien noter, on risque de passer à côté de ces réflexions productifs. Avoir un carnet vous permettra de noter ces idées, ainsi qu'une liste des tâches que nous avons à faire.

- Être productif également le dimanche : Je ne vous dit pas de courir à droite et à gauche le dimanche, mais je vous conseille de rester actif et de faire des activités. Je vous conseille de faire des choses qui vous tiennent à cœur et qui vous apporteront une valeur ajoutée. Vous devez aussi vous levez tôt pour pouvoir conserver un rythme. Et vous verrez vous n'en serez que moins paresseux de retourner travailler le lundi.

— Faites les choses pour vous-même : Vous devez comprendre qu'il faut être habituer à faire les choses par soi-même et ne pas compter constamment sur les autres. Passer ce temps à demander aux autres des services ou encore à déléguer, c'est la pire attitude pour s'habituer à la paresse. Vous devez donc agir par vous même, prendre les décisions par vous même pour rester dans une attitude active.

— Arrêtez de procrastiner : Je ne vais pas reprendre ce que nous avons vu pour éviter de procrastiner. Comprenez simplement qu'en adoptant cette attitude de repousser sans cesse les tâches à faire, vous rentrerez dans un cercle vicieux de paresse. Il est donc recommandable d'agir chaque jours et faire ce que l'on peut faire le jour même.

— Habillez-vous : Voici un conseil particulièrement utile pour ne pas être paresseux et être efficace dès le réveil. Surtout si vous travaillez à domicile ou encore comme indépendant. Il est souvent difficile de se mettre dans une ambiance de travail si on reste dans sa chambre et que l'on est pas prêt et habiller. C'est vraiment un point psychologique fort. Tentez cette expérience ou probablement l'avez vous déjà tenté. Essayer de travailler sur son ordinateur sur son lit le matin ou travailler sur son ordinateur le matin, en étant habillé, prêt, ayant pris un petit déjeuner, et vous verrez tout de suite la différence. Et vous la verrez ne serait-ce qu'au niveau du ressenti. C'est pour cela que vous devez vous habillez rapidement pour être dans de bonnes conditions d'attaque.

Rester concentré

Très souvent, il semble que nous ne pouvons tout simplement pas nous concentrer, même si nous savons ce que nous devrions faire, c'est la réalité. Résistance, procrastination, se laisser aller. Toutes les distractions sont des obstacles redoutables, même pour les personnes les plus assidues. Développer une stratégie pour vaincre les distractions est donc essentiel pour un bon niveau de concentration, et donc pour la productivité. L'une des premières étapes à réaliser est d'avoir conscience de son mode de fonctionnement. En effet avec une bonne connaissance de soi et quelques astuces très simples, il est possible d'améliorer grandement sa capacité de concentration et ainsi sa productivité. Tous le monde est différent en matière de focalisation de l'attention. Si certains ont un besoin impératif de bruits et d'agitation extérieure pour se concentrer et être au top de leur créativité et productivité, d'autres préféreront un silence ou un isolement absolu. De la même manière, certains n'auront aucun mal à rester concentré sur la rédaction d'un rapport, par exemple, tout en voyant s'afficher sur le même écran de multiples et variées notifications. Pour d'autres, maintenir son attention dans de telles conditions relèvera de l'impossible. A chacun donc de reconnaître son mode de fonctionnement pour pouvoir optimiser son efficacité au travail.

Travailler la maîtrise de soi

Comme nous l'avons vu précédemment sur la mauvaise habitude de l'impulsivité, instaurer une autodiscipline passe par une maîtrise de soi. Si vous voulez avoir l'autodiscipline comme compétence, vous devez être capable de vous maîtriser dans les nombreuses situations que vous devez affrontez. Lorsque des individus se sentent inquiets ou troublés, elles laissent parfois leurs émotions et leurs sentiments dicter leur
comportement. Lorsque les émotions déterminent le comportement, vous mène une vie en fonction des émotions. Au lieu de laisser les émotions déterminer votre comportement, efforcez-vous d'être davantage axé sur l'action. Concentrez-vous sur ce que cette situation exige que vous fassiez en dépit du fait que vous puissiez vous sentir
temporairement mal à l'aise.

Soigner son environnement

Pour permettre de vous mettre dans les meilleurs dispositions pour réussir l'autodiscipline, il est important de soigner son environnement. Soigner son environnement, c'est mettre être capable d'adapter des éléments extérieurs pour pouvoir booster son autodiscipline. Cela veut dire que vous allez devoir prendre en compte votre lieu d'habitation, votre travail ou encore vos relations. A travers l'ensemble de ces axes vous pouvez vous mettre dans les meilleurs bases pour pouvoir être autodiscipline.

Comment trouver votre environnement bénéfique pour votre autodiscipline?

- Vous devez commencer par vous sentir bien dans le lieu où vous vivez. C'est en effet une étape primordial dans l'autodiscipline. Pour pouvoir développer une routine matinale, avoir une hygiène de vie agréable ou encore être capable de se libérer des distractions chez soi, il faut se sentir bien. Il faut aussi avoir des conditions propices comment notamment le calme ou encore un éclairage adapté, une vue extérieure agréable. J'entends par là qu'il sera beaucoup plus difficile de développer votre autodiscipline si vous avez des voisins bruyants qui passent leurs temps à faire du bruit le soir et même la nuit. J'entends par là qu'il sera difficile si vous êtes dans un appartement et que vous avez une vue sur un immeuble sombre à seulement quelques mètres. Si en revanche vous êtes dans un endroit calme, vous avez une vision ouverte sur l'extérieure, dans votre tête vous allez déjà pouvoir avoir une attitude positif pour pouvoir vous auto discipliner.

- Si vous êtres ordonné dans votre logement, il y a de fortes chances que vous soyez plus ordonné dans votre tête également. Une fois de plus le rangement de votre habitation va favoriser votre autodiscipline. L'autodiscipline est synonyme de clarté, et pour cela il faut que ce que notre attitude se matérialise également dans l'environnement. Ayez un lieu de vie rangé, propre. Optez pour l'essentiel et libéré vous de tout ce qui est vraiment superflu. Ce sera un facteur prépondérant à votre réussite dans l'autodiscipline.

- L'autodiscipline se développe aussi dans le travail. Il faut être capable de répéter la même attitude dans le quotidien que dans la vie professionnel. Vous êtes discipliné au travail, soyez également discipliné dans votre quotidien. Vous êtes discipliné dans le quotidien, soyez également discipliné dans le travail. Vous verrez que les deux vont très bien ensemble pour une vie accomplie.

- Votre environnement tient également des relations que vous avez. Évitez donc toutes les relations toxiques ou simplement les relations qui ne vous sont pas bénéfiques. Contrairement à ce que l'on peut croire, nous sommes totalement libre de faire nos choix. Arrêtez donc de perdre du temps et de dépenser de l'énergie si cela n'en vaut pas la peine, arrêtez donc d'être distrait par des personnes si ce n'a pas de réels intérêts. Faites le tri pour sélectionner les personnes positives et tenez vous en là.

Prendre ses responsabilités

Dans la vie, Il faut accepter de prendre ses responsabilités car c'est une des conditions pour réussir ou améliorer sa vie. Pour construire l'autodiscipline il faut être capable de prendre ses responsabilités. A partir de tout ce que l'on a vu précédemment. Il n'en tient qu'à vous de prendre vos responsabilités pour pouvoir le faire. Vous êtes en train de lire ce livre, peut être allez-vous avoir d'autres informations. Mais comprenez bien que cela n'est qu'un outil pour vous aider à changer, pour vous aider à instaurer l'autodiscipline. Ces outils permettent de vous aider ou encore de vous guider, mais c'est à vous de vous investir pour pouvoir réussir votre changement. C'est pour cela que je vous invite à prendre vos responsabilités à partir de maintenant pour être capable de changer en reprenant ce que nous avons vu et ce que vous allez vois ensuite.

4- L'autodiscipline pour avancer, même sans motivation

L'autodiscipline est donc indispensable pour la réalisation d'objectif. C'est à dire de continuer à agir et à se motiver même quand on en a pas envie. Être discipliné est un état d'esprit sur une durée plus longue que la motivation. En revanche, la motivation est plus une pensée et se fonde sur le ressenti. Ce qui veut dire que vous pouvez être motivé à faire une certaine tâche aujourd'hui. Cela n'implique pas que vous serez motivé pour faire la même chose demain. La motivation n'est pas uniforme. Comme je l'ai expliqué il y aura toujours des moments où vous vous sentirez dans des jours sans. Et même dans la même journée votre motivation peut changer. Le processus que nous avons vu vous permettra d'avoir de la motivation grâce à un processus interne. Mais cela ne marchera pas tous le temps, et c'est là que le levier de l'autodiscipline sera indispensable.

Discipliner votre esprit est un processus continu et ne varie pas radicalement. Par exemple, si vous êtes discipliné pour aller au gymnase tous les jours pendant une heure, vous le ferez quoi qu'il arrive.La discipline est plus stable et est capable de vous aider à changer votre style de vie à long terme. Elle vous aidera à apporter des changements incrémentaux à votre vie et à être récompensé dans le processus. Par contre, vos niveaux de motivation peuvent être comparés aux effets de la consommation d'un médicament. Par exemple vous pouvez vous sentir extrêmement motivé au début de la journée. Au fur et à mesure que les heures passent, vos niveaux de motivation fluctuent aussi considérablement. C'est donc pour cela que je met l'accent sur le point de ne pas compter uniquement sur la motivation pour vous mener à bien vos objectifs.

Vos raisons pour faire de l'exercice, lire ou écrire peuvent rester constantes. Mais votre désir ou votre volonté de mener à bien les tâches que vous avez définies vont vaciller d'une manière ou d'une autre. Voyons quelques scénarios dans lesquels une approche axée sur la motivation pour s'améliorer peut faire boomerang.

Exemple numéro un

Antoine se lève tôt le matin, se sentant juste pressé d'aller au gymnase. Il n'est pas à sa première tentative de développer une routine d'exercice. Mais il se sent super motivé aujourd'hui, et peut-être que cet élan d'enthousiasme peut faire la différence.
La première journée s'est bien passé. Son objectif était de s'entraîner pendant 30 minutes. Mais il a fait un effort supplémentaire, c'est à dire de faire des squats, des redressements assis et des pompes pendant un peu plus d'une heure.
Les jours 2 à 11 étaient identiques au premier jour. Antoine était très motivé et dépassait ses objectifs à chaque fois. Il se sent déjà plus fort et en meilleure forme.

Mais le 12ème jour une mauvaise surprise arriva. Il a reçu un courrier électronique de son patron rejetant sa demande de congé, ce qui signifie qu'il ne pourra pas passer ces vacances comme il le souhaitait avec ses amis. Il réalise qu'il va passer des heures sur son poste de travail pendant que ses amis feront la fête en vacance. Bouleversé et déçu, il saute la séance de sport. Le jour 13 est arrivé et Antoine se sent coupable d'avoir manqué la séance d'entraînement de la veille. Il sait qu'il doit aller à la gym. Il connaît les avantages de rester en forme. Mais son état émotionnel est mauvaise et il n'arrive décidement pas à se motiver pour y aller. Le cercle vicieux de rater le gymnase et de se sentir mal fait qu'il manque d'autres séances. Il ne va pas atteindre ses objectifs de fitness.

Avec de l'autodiscipline Antoine aurait été capable de continuer d'aller à la gym, même dans ces moments difficiles, il aurait également compris que ce n'était pas en ratant la gym que ça aurait changé quelque chose au choix de son patron. Et au lieu d'avoir deux impacts négatifs, la mauvaise nouvelle et le fait de ne pas réaliser son objectif de gym, il aurait eu un seul impact négatif.

Exemple numéro deux

Eric est un écrivain indépendant qui adore passer du temps à mettre sur papier ces idées.
Chaque fois que le moment est venu d'écrire, il s'emploie avec des courriers, des réseaux sociaux, des tâches de nettoyage et ainsi de suite. Il fait plusieurs choses en même temps. Oui, il termine ses projets d'écriture, mais seulement après avoir passé des nuits sans sommeil. Cette fois, cependant, il tente de redresser sa carrière. Il s'engage

donc dans une habitude de consacrer les deux premières heures après le petit-déjeuner à écrire pour ses clients, sans faire la moindre tâche en même temps. Le jour 1 était plein d'inspiration et il n'a pas arrêté d'être productif. Et avant de s'en rendre compte, il a écrit en peu de temps beaucoup plus que d'habitude. Un énorme succès. Le jour 2 contraste toutefois fortement avec le précédent. Il n'arrive pas à trouver l'inspiration pour écrire. Il a lutté avec des idées. Il n'a pas eu l'inspiration et la motivation. Ensuite Le niveau de motivation d'Eric a oscillé pendant des semaines, tout comme son niveau de productivité. Au bout d'un mois, il a suivi sa routine d'écriture après le petit-déjeuner seulement 16 fois en 39 jours. Il n'écrit pas assez souvent pour terminer ses projets plus rapidement.

Avec de l'autodiscipline, Eric aurait été capable d'écrire tous les jours du mois, malgré des jours avec des manques de motivation et d'inspiration. Il aurait ainsi été plus productif et atteint ces objectifs d'écriture.

Résultat de ces exemples

Vous devez combiner motivation et autodiscipline pour de meilleurs résultats sur vos objectifs. En aucun cas il ne faut les opposer, ils sont complémentaires. Cherchez donc à optimiser votre motivation pour être capable d'avoir tous ces moments où vous allez réellement avancer vers vos objectifs. Et lorsque malgré tout, la motivation n'est pas au rendez-vous, continuez encore et toujours ce que vous avez à faire grâce à l'autodiscipline.

Chapitre 8

Libérez votre potentiel

1- État d'esprit positif

La pensée positif est l'attitude qui vise à positiver et à voir le bon côté dans toutes les choses de la vie. Cela a une incidence directe sur votre travail, mais également sur votre bien être de la vie de tous les jours. En effet, pratiquer la pensée positive c'est voir le bon côté de ce que l'on fait, même si il y a plus de désavantage concret dans ce que l'on fait. La pensée positive est cette pensée qui vous pousse à croire au meilleur. Nous pouvons aussi dire que la pensée positive nous aide à atteindre nos buts dans la vie. Pour votre productivité, ce procédé mental va directement influé sur votre travail.

Oui, tous n'est pas facile dans la vie, cependant, lorsque l'on adopte la pensée positive on surpasse les idées et les moments sombres plus facilement. En plus de les surpasser, on les éloigne. En effet, le positif attire du positif et le negatif du négatif. Si vous pensez que vous n'êtes pas capable de faire une tâche, vous partez déjà avec un handicap. Oui peut-être ne maîtrisez vous pas vraiment des moyens pour exécuter cette tâche, cependant c'est par la pensée positif que vous réussirez à surmonter ces freins pour trouver des solutions.

Comment adopter un état d'esprit positif?

Évitez le langage négatif

Vous êtes dans un état d'esprit négatif si vous employez un langage du même champ lexical. Vous vous démoraliserez vous-même si les termes que vous utilisez ne sont pas valorisants. Pour rester positif tout au long de la journée, favorisez des mots encourageants. Non seulement vous serez dans un meilleur état d'esprit mais, en plus de cela, vous vous mettrez plus en valeur dans votre travail.

Fixez-vous des objectifs réalistes

Comme nous l'avons vu précédemment, définir un objectif réaliste permet de trouver une motivation et de rester positif. Travailler sur un projet qui donne lieu à des résultats que vous pourrez avoir. À l'inverse, se fixer des objectifs inatteignables risque vite de se révéler frustrant.

Restez dans une atmosphère positive

Toujours pour vous aider à rester dans un état d'esprit positif, les relations sociales, environnement de travail, ce sont des choses qui permettent de conserver un état d'esprit positif. Entourez-vous des bonnes personnes pour créer une relation d'entraide à travers le partage d'expériences. Entourez-vous également de personnes aux pensées positives, avec qui vous pourrez facilement communiquer.

Conservez de la bonne humeur

Peu importe la situation à laquelle vous pouvez faire face au travail comme dans votre vie personnelle, votre objectif premier doit être de conserver de la bonne humeur. Si cela peut s'avérer difficile dans certaines circonstances, en réussissant, vous effectuerez un grand pas vers un parfait état d'esprit positif.

2- Arrêter de procrastiner

Pour s'en débarrasser il va falloir chercher à la source même de vos habitudes pour être capable de les transformer.
Si vous êtes dans ce cas, commencez déjà à prendre conscience du fait qu'il faut changer. Et de le faire maintenant, ne remettez pas à plus tard cette décision

importante qui pourra changer votre productivité. Les méthodes que je vais partager avec vous ont fonctionnent bien, et il y a de grandes chances pour que ça marche pour vous aussi.

Faire une liste des choses à faire par ordre de priorité

Tous les matins faites une liste des choses à faire avec ce que vous devez effectuer dans la journée. Mettez une note de 1 à 10 sur l'importance de chaque tâche. Commencez dans la mesure du possible par la tâche ayant la note la plus élevée, puis continuez ainsi. A chaque fois qu'une tache est effectuée, dans votre liste cochez une case ou changez de couleur la ligne, vous verrez que vous éprouverez du plaisir à rayer une par une les lignes de cette liste. Et après, si il reste des éléments à la fin de votre liste mais que vous n'avez pas eu le temps de faire et que vous n'avez pas perdu de temps dans votre journée, c'est que vous aurez fait le nécessaire.
D'abord parce que psychologiquement il est plus facile de s'attaquer à une petite liste qu'à un pavé, mais cela vous permettra surtout de vous concentrer sur l'essentiel et vous évitera de commencer par les points les moins importants. Vous pouvez aussi faire le choix de commencer par les tâches qui vous semblent les plus difficiles.

Restez réalistes dans les objectifs

Si vous vous fixez des objectifs, faites en sorte que ceux-ci soient réalistes. Cela ne sert à rien de se fixer des objectifs irréalistes, qui ne feront qu'accentuer votre frustration et empirer la situation. Notez que plus vos objectifs seront irréalistes, plus la procrastination prendra de l'ampleur. Ne baissez pas les bras et prenez votre mal en patience.

Faites une tâche à la fois

Nous en revenons donc au multitâches. N'essayez pas de faire plusieurs choses à la fois, vous feriez tout mal sans aller au bout et abandonneriez rapidement.
Lorsque vous travaillez, concentrez vous sur une seule tâche et essayez vraiment de la terminer avant d'attaquer autre chose. Sinon vous allez vous retrouver avec plusieurs tâche en cours mais aucune de terminées.

Résistez à votre voix intérieure

Régulièrement, votre voix intérieure vous dira « ça tu peux le faire plus tard ». A ce moment précis, demandez-vous si vous avez matériellement le temps de le faire maintenant : si oui, faites le, n'attendez pas. Prenez l'habitude de changer vos habitudes. Ce qui vous parait infaisable aujourd'hui vous paraitra normal dans quelques semaines. Si il y a quelques choses à faire et que dans votre journée de travail vous pouvez le faire, ne remettez pas cela à demain. De plus peut être que demain vous serez moins efficace.
Dans la vie c'est la même chose, si vous pouvez faire votre vaisselle juste après manger, faites-le, cela vous prendra uniquement 5 minutes, plutot que de repousser à n'en plus finir jusqu'à ce que vous n'ayez définitivement plus le choix.

Gardez un espace de travail rangé

C'est la partie matérielle de votre plan d'action. Lorsque

vous déciderez d'améliorer cette productivité, vous allez devoir favoriser votre capacité à garder votre concentration en limitant l'influence du monde extérieur. Pour ce faire, il vous faudra un espace de travail bien rangé et fonctionnel, ou un espace à l'extérieur qui vous correspondent pour travailler. Si vous êtes désordonné dans votre bureau, c'est que en général vous êtes désordonné dans votre organisations, et donc que vous êtes désordonné dans la réalisation des tâches.

Aller au bout de ce que l'on commence

Lorsque vous dressez une liste des tâches à accomplir, n'hésitez pas à cocher les tâches qui ont déjà été accomplies. Si vous commencez quelque-chose, terminez-le jusqu'au bout. Ne le faites pas à moitié, mettez-y vous à fond et ne vous laissez pas distraire par les éléments parasites qui gravitent autour de votre espace de travail.

Récompensez-vous

Octroyez-vous une petite récompense pour une tâche qui vous paraissait impossible à surmonter au départ. Cela peut être de petites choses simples, qui vous feront réellement plaisir et qui ne vous feront pas culpabiliser par la suite. Celles-ci doivent être entièrement positives pour vous.

Se couper des sources de distraction

Il n'y a jamais eu autant de sources de distraction qu'aujourd'hui depuis l'ère du web et des nouvelles technologies. Rien que le fait d'éteindre son téléphone, sa boîte mail et son compte Facebook permet de faire des miracles dans votre productivité. Dans le monde du travail, laissez ces instruments dans votre voiture ou au fond du sac bien éteint.

Commencer sa tâche

On peut décider de remettre à demain justement parce que on est pas inspiré ou on ne sait pas comment s'y prendre. Vous ne saurez pas vraiment mieux comment vous y prendre le lendemain. Rien que le fait de se mettre dans son travail, de s'investir, va vous aider à résoudre le problème. Vous n'avez pas d'idées pour créer le plan de contenu de votre livre, il faut forcer les choses, se concentrer, prendre une feuille et lister des idées, faire de la recherche. C'est avec une attitude active en commençant sa tâche que l'on peut résoudre les blocages. Une fois lancé, on se rend compte que ce n'était pas si compliqué et la satisfaction d'avoir commencé nous donne envie de continuer.

Faire des pauses

Le durée moyenne de concentration est de 45 minutes. Alors si vous voyez que vous commencez à stagner, à penser à autre chose, il vaut mieux arrêter et faire une pause, sinon vous en aurez marre de ne pas avancer dans votre tâche et ne voudriez plus la continuer et la finir. Cependant si vous êtes lancé dans l'écriture et que vous êtes toujours à écrire sans fatigue après 2 heures, vous pouvez aussi tout à fait continuer.

Développer un sentiment d'urgence

Il n'y a pas mieux pour abandonner une tâche que de ne pas se déterminer de restriction au niveau de votre temps. Si vous oubliez de vous fixer un compte à rebours, vous pourrez être tenté de vous servir de tout le temps que vous avez et ainsi de retarder sans cesse votre tâche. Avec un temps imparti, vous stimulerez l'adrénaline qui est un stimulateur très important pour la réalisation d'un travail. Effectivement, l'adrénaline déclenche une pression saine permettant de devenir plus actif.

Tenir compte des conséquences

Gardez en tête les conséquences vous permettra de vous rendre compte de la nécessité de la tâche. C'est une méthode très efficace, étant donné que toute tâche risque d'avoir des impacts sur l'avenir. C'est là que l'importance de conserver ses objectifs rentre en compte.

Toujours éviter les excès

L'abus est l'ennemi de la réussite. En cherchant à éviter la procrastination, il est possible que vous travailliez sans relâche. Ne tentez pas de tout réaliser en un temps-record, si vous désirez vaincre la procrastination de manière efficace et maintenir votre détermination durant toute la journée, il est essentiel de faire des pauses et de se changer les idées. Dans le cas contraire, vous finirez par vous épuiser rapidement.

Identifiez vos principales contraintes

Les difficultés influent sur la vitesse ainsi que la manière dont vous réalisez votre travail. Trouvez vos principales contraintes. Étudiez ce qui vous empêche de vaincre la procrastination, ensuite focalisez-vous à diminuer les conséquences de ces difficultés autant que possible.

Changez d'espace

De petites modifications dans votre environnement peuvent vous permettre d'avoir un effet significatif sur votre aptitude au travail. Changez de paysage, transposez des objets sur votre espace de travail, ou bien travaillez à distance de temps à autre.
Tout ceci peut éventuellement vous apporter des ondes positives ; vous donner une sensation de nouveauté et vous aidez à retrouver votre motivation.

3- Gestion des tâches

Pour la réussite de votre projet, il est donc primordial que vous soyez capable de déterminer les tâches à réaliser en priorité. Ainsi vous évitez de perdre du temps, de l'énergie et des ressources sur des tâches mineures qui peuvent être traitées plus tard.

- Comment décider quelle tâche est la plus importante à réaliser à ce moment précis?

- Est-ce la tâche la plus urgente?

- Celle que votre supérieur vous a demandé d'effectuer ? Ou encore celle qui rapporte le plus d'argent ?

Sans un minimum de méthode, vous allez passer d'une tâche à l'autre sans cohérence, ce qui n'est évidemment pas la meilleure façon de gérer un projet.

Il est donc essentiel de différencier ce qui est urgent et ce qui est important. Gardez bien à l'esprit qu'une tâche importante n'est pas forcément urgente, et qu'une tâche urgente peut ne pas être importante, mais peut être nécessaire à l'accomplissement d'autres actions.

La matrice d'Eisenhower

Comme son nom l'indique, cette matrice a été inventée par Dwight David Eisenhower, le 34e président des États-Unis. La matrice d'Eisenhower a été développée afin d'aider les gens à prioriser leurs tâches et les rendre ainsi plus productif. Il s'agit d'un outil d'analyse qui permet de classer les tâches à effectuer en fonction de leurs importances et de leurs urgences.

La matrice d'Eisenhower se compose donc de 2 axes : l'importance et l'urgence

On retrouve donc 4 cases dans lesquelles classer les différentes tâches :

- Celles qui sont importantes et urgentes

- Celles qui sont non-importantes et urgentes

- Celles qui sont importantes et non-urgentes

- Celles qui sont non-importantes et non-urgentes

L'importance d'une tâche est déterminée par son impact sur l'atteinte de vos objectifs et la valeur ajoutée qu'elle peut apporter à votre projet. Ainsi, réaliser les tâches importantes vous permet de progresser pour accomplir les objectifs de votre projet. L'urgence d'une tâche est basée sur sa date d'échéance et le temps nécessaire à sa réalisation.

Avec la matrice d'Eisenhower, on priorise l'importance sur l'urgence :

- Les tâches importantes et urgentes sont celles que vous devez réaliser immédiatement

- Les tâches importantes mais non-urgentes sont à traiter rapidement

- Les tâches non-importantes mais urgentes sont à déléguer

- Les tâches non-importantes et non-urgentes sont inutiles et doivent être abandonnées

- Retenez que l'importance est un choix alors que l'urgence est un fait lié au temps

Pour certains, il peut être difficile et coûteux en temps de séparer l'important du non-important au début. Mais une fois que vous saurez comment procéder, vous constaterez que cette matrice est un véritable atout qui vous aidera à être plus efficace et plus productif. Bien évidemment il n'est pas possible d'adapter cette matrice dans tous les cas de figure. Mais disons que vous pouvez la garder en tête comme support d'aide pour définir la priorité des tâches.

4- Surmonter les échecs

Nous faisons tous des erreurs et nous rencontrons tous un jour ou l'autre un échec. Nous devons nous rappeler que l 'échec n'est pas un problème en soi. Le problème, c'est simplement comment on perçoit l'échec. Le fait de se sentir mal en cas d'échec n'est rien d'autre que votre ressenti.

Tout le monde dans la vie échoue à quelque chose à un moment ou à un autre. Personne n'y est immunisé. Mais là où vous vous serez capable de faire la différence, c'est dans votre capacité à rebondir.
Vous allez apprendre des choses, vous allez développer des compétences. Mais dans l'application par exemple, vous subirez des échecs parce que vous n'aurez pas encore assez de maîtrise. Ces échecs, ils vous serviront par exemple pour revoir des points que vous pensiez acquis mais qui ne l'était pas, ils vous serviront pour remettre en place un mode de fonctionnement pour être plus efficace.

Quand nous subissons des échecs dans le travail cela nous booste pour comprendre pourquoi nous avons échoué, cela nous booste également pour devenir meilleur, c'est à dire se former plus, ou encore améliorer sa productivité. Cela voudra peut-être dire que vous n'avez pas été assez loin. Et que vous pouvez changer les choses en rebondissant.
C'est souvent ceux qui sont dans l'échec et qui persévèrent

qui finissent par réussir. C'est aussi grâce aux échecs que l'on apprend.

Je pense même qu'ils renferment des leçons. Pourquoi d'ailleurs vous pouvez voir des personnes progresser énormément après un licenciement? Pourquoi voyez vous des sportifs rebondir comme jamais après un échec sportif? Pourquoi vous voyez des personnes refaire leurs vies après des échecs? Car à chaque fois une leçon est tirée de l'échec pour ne plus faire la même erreur et se remotiver dans une nouvelle source d'inspiration.

Voici quelques rappels qui évitent la peur de passer à l'action par peur d'échouer:

Si vous n'échouez pas, vous êtes en train d'essayer

Pour réussir dans un domaine, il faut être prêt à prendre des risques et comprendre le risque d'échouer. Il est dans notre nature de se sentir mal en cas d'échec, mais nous devons nous rappeler que c'est le signe que nous sommes en train d'essayer de trouver des solutions à nos problèmes. Nous ne devez pas rester bloqués devant ces échecs, mais au contraire, vous devez en tirer des leçons pour avancer et faire mieux. Je rajouterai également que ce sont des opportunités pour montrer des erreurs à éviter dans le futur pour se rapprocher encore plus des objectifs.

Tout le monde commet des erreurs

L'erreur est humaine et cela s'applique à tout le monde, tout le monde y compris vous et moi. Le but est simplement d'essayer dans commettre le moins possible.

Vos échecs sont la preuve de votre progrès

Si vous échouez en faisant les bonnes choses, ne vous découragez pas c'est le signe que vous êtes sur le bon chemin. Soyez courageux et restez motivé sachant que vos erreurs vous rendent et fort et vous montrez les choses à éviter dans le futur. Vous serez plus fort et mieux équipés. Bossez plus dur pour ne pas refaire les mêmes erreurs deux fois ..

Les échecs montre que vous êtes courageux

Ça demande une sacrée dose de courage pour tenter de nouvelles choses en ne sachant pas si ça va marcher ou pas. Vous investissez votre temps, votre énergie et votre argent Même si vous échouez, le fait de tout faire pour réussir en dit beaucoup sur votre personnalité. s des morts de trouille, vous êtes assez courageux pour lancer dans l'aventure.

L'accumulation d'échecs vous rend plus résistant à chaque fois

Après plusieurs échecs, nous devenons plus résistants. Il nous faut arriver à nous sentir découragés, frustrés et même en colère, mais si vous décidez de dépasser la déception et la colère, vous réalisez à quel point vous êtes plus forts.
Une fois la déception et la colère passées, vous allez découvrir une force et une énergie que vous ne soupçonniez même pas en vous. Vous allez découvrir comment vous êtes en fait et à quel point vous êtes résistants.

Vos échecs vous donnent sur les pistes

Si vous n'essayez jamais, vous ne saurez jamais si vos idées vont marcher ou pas. Si vous n'essayez jamais, vous ne saurez jamais non plus si vos idées vont échouer. Il vaut mieux tenter, échouer, ressaisir pour enfin réussir que de ne rien faire.

5- Prendre des décisions rapidement

Nous prenons des milliers de décisions chaque jour. Beaucoup sont faciles, mais d'autres sont complexes, stressantes ou les deux. Parce qu'il y a tellement de décisions à prendre et parce que ce sont des fourchettes littérales qui ont un impact considérable sur les résultats, les coûts, le temps, les sentiments et les relations, la prise de décision est extrêmement importante.
Durant un projet, une mission, une tâche, vous aurez inévitablement à prendre des décisions. Elle peut avoir des incidences sur le bon déroulement de ces derniers et influencer la qualité d'un travail. Quelle que soit la position hiérarchique ou sociale d'un individu dans une organisation, la prise de décision est souvent l'acte le plus important. La complexité des informations et la rapidité des changements augmentent à cause de la transformation numériques et des modes de vie actuels. Il est donc nécessaire de s'adapter rapidement et de s'équiper des outils qui permettent de prendre la meilleure décision.

Comment prendre des décisions efficacement?

Faites un choix et n'y revenez pas

Si vous avez beaucoup d'options dans votre choix.
Choisissez en une et ne revenez pas dessus, ou vous serez
incapable de vous en sortir. Surtout si toutes les options
vous semblent être de qualité égale. En effet quelle que
soit la décision que vous prendrez, chaque option aura plus
d'avantages que d'inconvénients. Certains avantages
seront différents d'un choix à l'autre, mais cela importe
peu au final. Plutôt que de vous arracher les cheveux à
prendre une décision, il est plus judicieux d'en choisir une
rapidement et de faire de votre mieux avec. En revanche si
vous cherchez à prendre la meilleure des décisions en
investissant plus de temps et d'énergie pour l'identifier,
non seulement vous perdrez de votre temps et énergie,
mais vous vous sentirez fatigué de ne pas être capable de
choisir.

Fixez une limite de temps

C'est la même chose dans la prise de décision. Si vous ne
vous fixez pas de limite de temps pour prendre une
décision, chaque décision peut s'étendre indéfiniment et
accaparer toute votre attention et votre temps. Vous
trouverez de nouvelles options à considérer, de détails à
analyser, et de raison pour réfléchir un peu plus et ne pas
prendre votre décision. Pour résoudre cela, fixez-vous une
limite de temps franche pour prendre votre décision.

Prenez le temps d'absorber la nouvelle

Agir sous le coup de l'émotion, surtout lorsqu'il s'agit d'une émotion négative, implique que vous vous laissez submerger par un état d'esprit qui va empécher vos capacités décisionnelles. Vous n'avez eu aucune réflexion sérieuse, et vous n'avez encore moins anticipé les conséquences. Vous vous contentez de régler un problème sans même vous interroger sur la direction que vous prenez. C'est pour cela que le choix sur le coup de l'émotion n'est pas une bonne chose. Il faut reprendre sa décision dans sa globalité.

Concentrez-vous sur les données essentielles

Trop d'informations diminue votre capacité de concentration. Plus vous disposez de données aussi variées les unes que les autres, plus vous vous éloignez de l'essentiel.
Il faut donc hiérarchiser les éléments importants pour prendre ensuite la meilleure décision. Chaque décision que vous êtes susceptible de prendre comporte des avantages, des inconvénients et aussi des risques.

Arrêtez de croire qu'il y a un bon et un mauvais choix

Prendre une décision difficile devient particulièrement stressant dès lors que vous vous imaginez qu'il n'y a qu'un seul choix parfait. En réalité, il arrive souvent que les options qui se présentent à vous disposent chacune de bons et de mauvais côtés. Il est rare de prendre une décision qui ne présente que des points positifs. Prendre des décisions c'est accepter des éléments négatifs.

6- Importance de l'environnement

Pour la création d'habitude

On n'en parle peut être pas assez, mais l'environnement est extrêmement important pour la réussite, c'est également très important pour instaurer des bonnes habitudes. Les relations sociales font partie de l'environnement. Ici nous allons ajouter à cela l'importance de votre cadre de vie notamment dans la création de nouvelles habitudes. Utiliser donc votre environnement pour changer de comportement et adopter de nouvelles habitudes.

Puisque nous savons que la discipline est construite comme un muscle et peut également s'épuiser, des changements environnementaux pourraient être utiles pour vous permettre de faire de nouvelles habitudes. Bien que les gens aiment penser avoir le contrôle de ce qu'ils font, près de la moitié du comportement humain a lieu au même endroit presque tous les jours et ce comportement est influencé par l'environnement. La plupart des gens ne pensent pas que la raison pour laquelle ils mangent du fast-food au déjeuner ou au snack du distributeur automatique en fin de journée est que ces actions sont influencées par leur routine quotidienne, la vue et l'odeur de la nourriture ou de l'endroit où ils se trouvent. Ils passent tous les jours devant cet endroit à quelques mètres pour se rendre au travail. Ils pensent qu'ils le font parce qu'ils ont tous le temps envie de manger au fast-food. Les alcooliques et les toxicomanes ont longtemps été conseillés d'éviter les choses qui déclenchent leurs envies, telles que fréquenter les bars par exemple.

En effet des recherches indiquent que les signaux environnementaux contrôlent également une bonne partie du comportement des personnes en bonne santé. Des études montrent que les personnes répètent des actions bien exécutées, qu'elles aient ou non l'intention de le faire. Ces études constatent que les personnes qui ont l'habitude d'acheter des fast-foods dans un endroit donné ont tendance à continuer à le faire, même si leurs intentions changent et qu'elles ne souhaitent plus le faire. C'est à dire qu'elles veulent changer cette habitude pour instaurer une nourriture plus saine, mais elles éprouvent des difficultés car elles passent tous les jours juste devant cet endroit, localisé juste à côté du travail.

Dans une autre étude par exemple, on a montré que des étudiants transférés dans une nouvelle université étaient en mesure de rompre avec leur habitude de regarder la télévision si la télévision se trouvait dans un lieu différent de leur nouvelle école. Les élèves qui ont trouvé la télévision au même endroit ont moins bien réussi à rompre avec cette habitude. Et lorsque l'on y réfléchit bien, cela paraît logique. Imaginez avoir une mauvaise habitude chez vous et imaginez déménager. Il sera plus facile de créer votre nouvelle habitude. Imaginez par exemple avoir une mauvaise alimentation à un endroit situé à côté de votre travail, et imaginez changer de travail, vous avez de forte chances de pouvoir changer d'habitudes.

En conséquence, lorsque vous devez mettre fin aux mauvaises habitudes ou d'en développer de nouvelles, vous devez également prêter attention à l'environnement. Les emplacements physiques, c'est à dire les lieux, sont parmi les indices les plus puissants du comportement. Une personne qui souhaite arrêter de manger au fast-food par exemple peut faire le choix de changer son itinéraire par exemple.

7- Évitez le multitâche

Le multitâche est l'un des ennemis numéro un de la productivité. Lorsque que l'on fait plusieurs tâches en même temps on peut penser que cela permet d'être productif sur plusieurs choses et donc justement d'avancer très vite. La réalité est différente puisque le multitâche nuit fortement à la productivité. Et il serait considéré comme un mythe que des personnes soient capable d'être multitâche et d'être très productif en même temps sur chacune des tâches.

La tentation de faire du multitâche est plus forte que jamais dans notre époque moderne. Avec l'accès aux technologies, les occasions de faire plusieurs choses en même temps sont multipliées.
On peut facilement répondre à nos courriels en étant en train de travailler, parler au téléphone en consultant un site web, répondre à nos messages textes en rédigeant un document, et faire toutes sortes de tâches et d'activités en même temps dans l'espoir
d'être plus productif et d'accomplir plus avant la fin de la journée.

Et même si vous savez qu'il ne faudrait pas le faire, vous ne pouvez pas vous empêcher de faire plusieurs choses en même temps, et vous aimez cela. Moi-même, sachant très bien que je dois me focaliser sur une seule tâche, lorsque je travaille sur mon ordinateur, j'ai de temps en temps encore tendance à ouvrir d'autres fenêtres. Le monde numérique a naturellement amené le multitâche qui n'existait pas il y a des décennies. Nous sommes en effet très sollicités par toutes sortes de stimuli numérique comme notamment le téléphone portable, l'ordinateur, la télévision etc...

Ensuite, il y a notre curiosité naturelle pour la nouveauté qui a pour effet de libérer de la dopamine et donc de faire augmenter le niveau d'adrénaline dans le corps, c'est à dire que votre sentiment de bien-être, qui est lié au niveau d'adrénaline, augmente du seul fait que vous faîtes plusieurs activités en même temps, et cela peu importe que cette nouvelle activité soit bénéfique sur le moyen-long terme ou non. Les personnes ressentent une certaines euphorie lorsqu'elle font du multitâche, et notamment au travail, comme-ci elles avaient l'impression de maîtriser l'environnement. On a aussi la sensation de se sentir important, d'être au cœur des centres d'intérêts.

Mais selon des dernières études, il semble qu'être multi-tâche réduirait la productivité de 40%. Et des scanners crâniens peuvent le prouver.
Passer d'une activité à l'autre provoque des interférences dans l'activité cérébrale. Au bout du compte, le résultat serait moins bon qu'en faisant une activité à la fois.
Alors oui lorsque l'on fait une activité à la fois, on a l'impression de peut être en faire moins, de passer du temps sur une seule tâche. Mais la réalité est que la

productivité est meilleure.

Quelques conseils pour en finir avec le multitâche

- **Filtrez**: Déjà, apprenez à dire non et à ne pas vouloir tout faire, tout voir, être partout. Le monde va aujourd'hui tellement vite que vous avez perdu d'avance. Prenez le temps de bien choisir ce que vous voulez faire, de hiérarchiser vos tâches.

- **Faites-en moins et mieux**: Une chose à la fois.Préparez-vous à ne faire qu'une seule chose à la fois. Rangez les autres tâches, sortez-les de votre champ visuel, coupez toutes les distractions possibles. Allez au bout de vos objectifs de la journée tâche après tâche.

- **Terminez votre tâche**: Avant de démarrer la tâche suivante, finissez ce que vous êtes en train de faire. Sinon vous allez être obligé d'y revenir plus tard, ou même plusieurs fois, et finalement vous perdrez du temps. Quand c'est terminé, n'oubliez pas que vous n'avez pas à revenir dessus.

- **Si on vous interrompt, notez la demande**: Oui au lieu de faire directement ce qu'on vous demande, notez cette dernière, et vous traiterez la demande après avoir fini votre tâche. C'est comme ça que ça fonctionne.

- **Videz votre esprit**: Pour pouvoir vous concentrer sur une chose à la fois, votre esprit aussi doit être libre de toute forme de parasites.Vous devez donc faire le vide pour ne pas penser à d'autres choses. Ici la méditation peut vous aider à augmenter cette capacité du cerveau, mais c'est un autre sujet.La solution la plus simple pour vider votre esprit consiste à prendre l'habitude de tout noter. Absolument tout. Ne conservez rien en tête et surtout arrêtez de lui faire confiance pour se rappeler de tout.

- **Bétonnez votre environnement**: Ne soyez pas dérangé. Pour cela il faut mettre les moyens nécessaires. Isolez-vous pour que l'on ne vous dérange pas. Eteignez votre téléphone portable. Fermez votre navigateur internet.

Conclusion

La motivation est un des facteurs les plus importants pour votre réussite. En effet sans motivation il est difficile d'atteindre le succès et d'atteindre ses objectifs. Le but de la vie, c'est de se fixer des objectifs à de nombreux niveaux en fonction de nos centres d'intérêts et d'une méthode claire. Ces objectifs, contrairement à ce que l'on peut penser, doivent être clairement défini en utilisant des variables. Un objectif qui n'est pas clair ne sera pas réalisable.

Pour avoir une motivation renouvelable, il faut commencer par entretenir le pourquoi. Le pourquoi se trouve par l'intermédiaire des passions, c'est à dire tout ce que l'on aime à un degré émotionnel fort, ainsi que dans les objectifs qui permettent de donner une direction. Grâce à cela vous aller pouvoir mettre en place des actions quotidiennes.

Ensuite la chose à faire est de trouver son processus mental pour pouvoir se motiver rapidement. Ce processus peut se travailler et s'optimiser avec le temps. Vous allez le trouver à l'intersection de plusieurs axes comme notamment la visualisation positive, la concentration sur les actions quotidiennes, la mise en place de récompense, la mise en place d'une routine.

N'oubliez pas non plus l'importance de l'énergie. Comme je l'ai expliqué, comprenez que plus votre vie sera conditionné par des activités liées au bien être physique et mental, plus vous aurez de l'énergie. L'énergie est en lien avec la motivation. Vous devez vous sentir en forme, vous devez ressentir de l'énergie pour être motivé.

Pour une motivation renouvelable et sans faille, il faudra également incorporer l'autodiscipline ainsi que les bonnes habitudes dans votre quotidien. Ces deux systèmes vous permettront en effet, quoi qu'il arrive, de continuer ce que vous avez à faire, et même dans les moments difficiles, car vous aurez un socle sur lequel vous reposez, ce socle qui doit être extrêmement puissant et stable.

Comme vous le voyez, la motivation, c'est bien plus que de simples émotions. Pour être capable d'avoir une motivation renouvelable, c'est à dire de faire ce que l'on doit faire quel que soit les facteurs interne et externes, il faut aller chercher des processus et il faut agir avec méthodes. Tout ce travail, tout s'améliore, et la motivation également. Renouveler continuellement votre motivation et atteignez vos objectifs, vivez pleinement en vous levant chaque matin avec le désir d'avancer.

Printed in Great
Britain
by Amazon

31987421R00102